몸과 마음을 잇는
바디 커넥션

몸과 마음을 잇는

바디 커넥션

2024년 6월 28일 인쇄
2024년 7월 5일 발행

지은이   흰바람 박선영
펴낸이   김영호
펴낸곳   도서출판 동연
등 록   제1-1383호(1992년 6월 12일)
주 소   서울시 마포구 월드컵로 163-3
전 화   (02) 335-2630
팩 스   (02) 335-2640
이메일   yh4321@gmail.com
인스타그램 @dongyeon_press

ISBN 978-89-6447-011-4 03680

이 책은 치유상담대학원대학교 학술연구비 지원에 의해 이루어졌습니다.

몸과 마음을 잇는

바디 커넥션

박선영 지음

동연

몸으로의 귀가

고혜경(치유상담대학원대학교 교수)

영적 여정의 궁극적인 목표는 홈으로의 귀가다. 몸은 집이고, 신성함이 거주하는 신전이다. 지구라는 집은 인간뿐 아니라 지구촌 뭇 생명들의 고향이다. 중세의 신비가 마이스터 에크하르트는 신은 집에 거주하는데 외유를 한 것은 바로 우리라 한 바 있다. 인류는 돌아온 탕자처럼 오랜 세월 아주 멀리 배회하다 마침내 집으로 돌아오는 나침반을 찾은 듯하다. 비로소 몸과 홈의 참 가치에 눈을 떠가고 있다.

'더 멀리, 더 높이'를 외치며 몸과 물질과 지구로부터 멀어지고자 해온 오랜 강박의 시대를 거친 기록이 현대인의 몸에도 고스란히 새겨져 있다. 거리에서 마주하는 몸 풍경은 머리를 치켜 세워 들고 걷을 때는 머리가 몸을 끌고 가는 양태다. 어깨는 뻣뻣하고 가슴은 지나치게 내밀거나 웅크리고 있어 어깨도 가슴도 편히 열려 있지 않다. 야생의 동물들이 그러하듯 몸의 유연함이 역동적 움직임이나 다양한 환경에 기민하게 대처하는 바탕일 터인데, 대다수의 우리네 몸은 유연한 척추 곡선은 무너져 있다. 거북목, 측만, 디스크 같은 각종 증상은 상태의 심각성을 호소하는 목소리일 것이다. 머리와 꼬리의 단절은 우리 모두의 현주소이다. 자연스럽지 않은 자태가 정상이 되어있는 이런 몸 은유가 시사하는 바가 수렴하는 자리가 연결성의 단절이다.

각종 신경증과 정신병을 호소하는 현대인이다. 이 상태를 한마디로 '무의식과의 단절'에서 기인한다고 진단한 칼 융 박사는 정신과 물질은 하나의 두 다른 측면이며 동일한 것이라 역설했다. 융이 강조하는, 인간이 궁극적으로 지향하는 온전성wholenss이란 몸과 정신, 본능과 원형, 몸과 영, 영혼과 영을 포함하는 전일성에 방점을 둔다. 융은 초자연적인 현상을 연구하면서 psychoid라는 용어를 주조했다. 이는 '정신 같은' 혹은 '정신과 유사한'이라는 뜻이다. 몸과 정신의 상호작용을 너머 인간 심층의 기저에서 이 둘은 경계조차 존재하지 않는다는 뜻이다. 현대인들이 피상적으로 알고 있던 몸과 마음, 본능과 영성, 물질과 정신은 더 이상 분열된 두 다른 현상이 아니다.

몸동작은 무의식의 자발적 표현이자, 무의식의 내용물들이 형태를 부여하는 한 양상이다. 그간의 지나친 편향에 균형 맞추기라도 하려는 듯, 20세기 들어 눈을 더 이상 '위로 멀리로'가 아니라 '아래로 깊이로' 돌려서 우리 존재의 가장 심오한 자리인 몸과 본능의 소리에 귀 기울이자는 다양한 움직임들이 나타났다. 심리학에서도 몸의 회복이 주요한 화두로 대두되었다. 트라우마 연구와 뇌과학의 발달에 힘입어 현재 가장 괄목할 만한 발전을 거듭하는 분야가 somatic 영역이다. 칼 융의 심리학을 이론적 기반으로 다양한 몸동작 치료 기법들이 태동하고 발전해 가고 있는데, 현대 무용의 아버지 라반이 이런 움직임의 선구자이다.

몸짓에 주목해서 몸의 표현을 이해하고자 했던 라반은 "동작은 언어다"라고 선언한다. 이 마땅한 진술이 신선하게 다가온다. 비로소 비언어적인 몸짓이 언어가 되어 의식으로 들어온다. 라반은 우리가 몸 언어를 경청하고 소통할 수 있도록 구조와 프레임을 마련해 주었다. 몸과 정신, 몸동작과 공간, 나와 세상의 단절을 극복하고 연결성을 회복할 방편이 태어난 것이다.

라반은 인간의 근원적 몸 움직임을 다양한 동물적 은유를 들어 설명한다. 아메바―불가사리―물고기―개구리―악어―오랑우탄으로 이어진다. 개체 발달과 계통 발생은 나란히 가는지라, 태어나서 최초의 경험들인, 내려놓고―밀고―뻗고―잡고―당기기와 뒤집고―기고

―서고―걷고 이렇게 단계적으로 익혀낸 몸짓들이 지구촌 뭇 생명의 동작들과 같은 움직임이라는 사실을 상상하니, 우리 몸의 뿌리가 인간에만 국한된 것이 아니라 지구 생태계의 일원으로 그 오랜 움직임의 계보가 유증되었다는 사실을 기억하게 된다. 더 확장되고 깊은 뿌리를 찾아 몸 토대가 더욱 굳건하게 구축이 되는 듯하다.

아울러 라반은 인간 신체 움직임에 담긴 기본 법칙을 찾아내는데, 희랍의 피타고라스와 플라톤이 설명한 5개의 완벽한 모형이 오늘날의 움직임에도 그대로 작동하며 정다면체가 인간 움직임 확장을 위한 기본 바탕이라 한다. 이 주장은 칼 융의 원형 이론과 맥이 닿는 듯하다. 원형archetype은 시공을 초월해서 보편적으로 존재하는 '고태적 패턴'을 의미하는데, 춤, 음악, 물리학, 심리학 등 각자 저마다의 분야를 깊이 천착하다가 도달한 자리가 같거나 혹은 유사한 자리로 수렴하는 것을 목격하는 순간은 언제나 경이롭다. 원형이론 혹은 가설이 참이라면 마땅히 같은 자리로 수렴해야 할 터인데, 본질이나 정수까지 깊이 탐색에서 발견할 수 있는 진실이기에 그 탐색의 여정이 놀랍고 존경스럽다.

인간 의식 발달사에 몸은 오래 그림자에 속했었다. 우리가 겪고 있는 몸의 소외와 몸 언어의 망각이 그 결실이다. 오늘날 몸과 땅과 여성과 물질을 파괴하고 남용한 결과를 뼈저리게 체험한다. 하루가 멀다 하고 자연재해가 발발하고 가이아의 자정능력이 임계치를 넘어 더는 작동하지 않는 게 아닌가 하는 불안감이 팽배해 있다. 개인의 몸이든 뭇 생명의 몸이든 탕자의 귀가는 더 이상 선택이 아니라 최우선이어야 하는 긴급구호 상황이다. 칼 융은 구원의 열쇠는 그림자 속에 있다고 했다.

이 책은 구원을 위해 그림자인 몸으로 눈을 돌리게 할 뿐 아니라 구체적으로 몸 언어를 다시 회복할 방법들을 소개하고 있다. 작금의 지구촌 전체의 위기에 몸으로 돌아와 오래된 몸의 지혜와 야성을 회복하려는 희망의 씨앗이기도 하다.

머리말

인간의 몸은 자신에게 필요한 것을 얻기 위해 끊임없이 움직인다. 그래서 동작은 그 사람의 마음을 담고 있다고 할 수 있다. 눈에 보이는 대상을 향한 움직임은 그 목적이 무엇인지 짐작할 수 있다. 우리는 눈에 보이지 않는 그 무언가를 위해서도 몸을 움직인다. 아이는 맛있는 과자를 향해 손을 뻗기도 하지만, 때로 돌보는 사람의 관심을 얻기 위해 손을 뻗기도 한다. 인간의 동작은 주변 상황에 영향을 받기도 한다. 맛있는 과자를 발견했더라도 다른 사람에게 들키지 않으려면 아마도 슬그머니 과

자를 가져올 텐데 그때는 천천히 곡선으로 팔을 뻗는 동작을 하게 될 것이다. 만일 친구가 그 과자를 향해 다가오는 걸 보고 자기가 먼저 그 과자를 집으려면 손이 빠르게 직선으로 움직일 것이다.

일상에서 주변 사람들과 의사소통이 주로 말(언어)로 이루어지는 것 같지만, 실제로는 비언어적 의사소통이 대부분을 차지한다. 물론 상황이나 문화, 그리고 개인에 따라 다르기는 하겠지만 전체 의사소통에서 비언어적 의사소통이 차지하는 비율이 70~93%에 이른다는 연구 결과도 있다. 비언어적 의사소통에서도 움직임은 상당히 중요하며 의사소통의 효과와 감정 전달에 큰 영향을 미친다. 이때 사용되는 움직임은 주로 몸짓, 표정, 자세를 말한다. 움직임은 단순히 의사소통의 보조적 요소가 아니라, 의사소통의 질과 효과에 깊이 영향을 미치는 중요한 요소이다. 상대의 비언어적 신호를 잘 해석하고 이에 적절히 반응하는 능력은 효과적인 의사소통과 긍정적인 대인 관계를 형성하는 데 핵심적인 역할을 한다.

자신이 원하든 그렇지 않든 움직임은 우리 삶의 모든 영역에서 펼쳐진다. 식사를 하고 이야기를 나누고 타이핑을 하고 인터넷 검색을 하고 운동을 하고, 심지어는 잠자리에 누워 있는 동안에도 몸은 끊임없이 움직이고 꿈속에서도 예외는 아니다. 그렇다면 우리는 자신의 동작을 얼마나 의식하고 있을까?

대부분의 사람들은 자기 몸매나 자기 옷에는 주의를 보내고 의식하며 신경을 쓰는 것 같은데, 정작 소통에 중요한 요소인 움직임에 대해 별로 의식하지 못하는 것 같다. 특히 자신의 움직임에 대해서는 상황이 더 심각해 보인다. 우리는 언제나 나와 다른 사람의 몸을 바라보고 있지만 그 의미를 제대로 이해하려면, 몸의 어느 부분이 움직이고 있는지, 움직임의 크기와 속도, 방향은 어떠한지, 그 움직임의 의미를 정확하게 파악하기 위해 몸과 움직임에 관한 지식을 배워야 한다. 우리가 나와 다른 사람의 움직임을 의식하고, 상황에 적절하게 움직임을 컨트롤할 수 있다면 좀 더 풍성하고 효과적인 인간관계를 유지할 수 있을 것이다.

　내가 움직임과 가까워지기 시작한 계기는 고등학교 탈춤반 시절로 기억된다. 무형문화재 전수자가 나의 탈춤 동작을 보며 칭찬하던 모습과 내가 맡은 배역에 완전히 빠져들어 춤을 추며 느꼈던 황홀한 경험이 나를 움직임이라는 세상에 붙들어 놓았다. 그 이후 시립무용단에 근무할 때까지 계속 춤을 추었지만, 춤을 추는 몸과 움직임의 의미에 대해 깊이 생각해보지 않았다. 무용단에 근무하던 시기에 대전의 한 영성 수련에 참여하여 '스피리츄얼 하모니 댄스 프레이어'(Spiritual Harmony Dance Prayer)라는 일종의 '몸 기도'를 경험했다. 세 명이 삼각형의 꼭짓점에 서서 한 사람의 움직임을 나머지 두 사람이 따라 하는 아주 단순한 구조의 춤이었지만, 그동안 한번도 느껴보지 못한 강렬한 체험을 하게 되었다. 몸 기도를 하는 동안 나도 모르게 몸이 저절로 움직여지는 경험과 함께 어느 순간 삼각형의 세 사람의 몸이 하나가 된 것처럼 동시에 움직이는 것이었다. 이때 경험한 신비로운 느낌은 지금도 내 몸에 강렬하게 살아있으며, 그 경험이 몸과 움직임을 통한 심리치료의 영역으로 나를 이끌었다.

1995년 나는 무용치료(Dance/Movement Therapy)를 공부하기 위해 영국 런던의 라반센터에 갔다. 그 학교에서 처음으로 접했던 라반의 동작분석(Laban Movement Analysis) 수업은 내 몸과 움직임의 특징을 구체적이고 과학적으로 살펴볼 수 있을 뿐 아니라, 움직임이 담고 있는 심리적, 영적 의미까지 탐색해 볼 수 있는 시스템이었다. 정말 놀라운 발견이었다. 매주 수업이 끝날 때마다 내 몸에 대한 관심이 커져 갔고, 나도 모르게 무의식적으로 움직였던 내 동작의 또 다른 측면을 조금씩 알아가기 시작했다. 내 몸과 움직임의 의미를 찾는 과정은 자연스럽게 어릴 적 내 모습을 포함한 내 삶을 이해하는 여정이 되었다.

이후 미국 ADTA(American Dance Therapy Association)의 공인 춤동작치료사(R-DMT)가 되어 몸과

움직임으로 마음의 상처를 치유하는 일을 하게 되었고, '몸의 자각을 통한 트라우마 치유' 트레이닝을 통해 트라우마는 몸에 담겨 있으며, 이를 감각과 움직임으로 접근하고 치유할 수 있다는 것을 이해하고 있다. 최근에는 인간의 움직임을 과학적으로 이해하고 분석할 수 있는 시스템인 라반/바르테니에프 동작분석가(CLMA), 국제 소매틱 무브먼트 치료사(RSMT) 및 교육자(RSME)로 내담자들을 만나면서, 움직임을 결합한 소매틱 접근법이 사람의 몸과 마음을 치유하는 정말 효과적인 방법이라는 것을 더 깊이 이해할 수 있었다.

지난 30여년간 많은 사람들에게 몸과 움직임을 배웠지만, 특별히 몸과 움직임 뿐 아니라 영적인 측면을 통합하여 인간을 대하는 태도를 가르쳐준 선생님들이 있다.

샤론 채클린(Saron Chaiklin), 조앤 초드로우(Joan Chodorow), 티나 스톰스테드(Tina Stromsted), 주디 갠츠(Judy Gantz), 보니 번스틴(Bonnie Bernstein), 린다 에론

코트(Linda Aaron-Cort), 돈 리온(Dawn Lyon), 제니스 미든(Janice Meaden), 콜린 왈(Colleen Wahl) 그리고 지금 저 하늘에 별이 되어 있을 가브리엘 로스(Gabrielle Roth)와 케이든 위티어(Cadens Whittier).

이 분들은 몸과 마음과 영혼으로 온전히 사람을 만나는 법을 가르쳐주었다. 선생님들이 몸소 가르쳐준 몸의 지혜를 바탕으로 그동안 사람들을 만나면서 경험한 내용을 세상에 나누면 좋겠다는 생각으로 이 책을 쓰게 되었다. 이 책은 몸과 움직임에 관심이 있는 사람에게 움직임이 우리 생활에 얼마나 중요한지, 세상을 바라보는 인식에 어떤 영향을 미치고 있으며 우리가 그것을 어떻게 이해할 수 있는지 설명한다. 또한 자신이 몸을 어떻게 대하며, 어떤 움직임을 하는지 인식할 수 있는 방법을 가르쳐주고, 우리의 삶에서 동작이 만들어 낼 수 있는 새로운 시각과 변화를 보여줄 것이다.

차례

추천의 글 · 5
머리말 · 11

제1장

라반/바르테니에프 동작분석 · 21

1. 루돌프 폰 라반
2. 엄가드 바르테니에프
3. 라반/바르테니에프 동작분석

제2장

바디(Body) · 35

Ⅰ. 제스처, 포스처, PGM · 39

Ⅱ. 전신연결패턴(PTBC) · 41

1. 호흡 패턴
2. 중심 — 말단 연결
3. 머리 — 꼬리 연결
4. 상 — 하체 연결
5. 신체 — 좌우 연결
6. 교차 — 측면 연결

Ⅲ. 몸의 연결을 도와주는 터치 · 114

1. 두드리는 터치
2. 슬라이딩 터치(쓰다듬기)
3. 머무르는 터치

제3장

에포트(Effort) · 119

1. 플로우(Flow)

2. 무게(Weight)

3. 시간(Time)

4. 공간(Spcae) 혹은 초점(Focus)

제4장

스페이스(Space) · 139

1. 키네스피어(Kinesphere)

2. 심리적 키네스피어(Psychological Kinesphere)와 경계

3. 디멘션(Dimension): 3차원의 직선

4. 다이애그널(Diagonal): 대각선

제5장

쉐입(Shape) · 169

1. 열기와 닫기

2. 쉐입 플로우 서포트

3. 쉐입 퀄리티

4. 쉐입의 변화 모드

5. 쉐입의 형태

제6장

몸의 지혜를 배우다 · 191

바디 커넥션에 관심이 있는 분들을 위한 자료 · 201

참고문헌 · 202

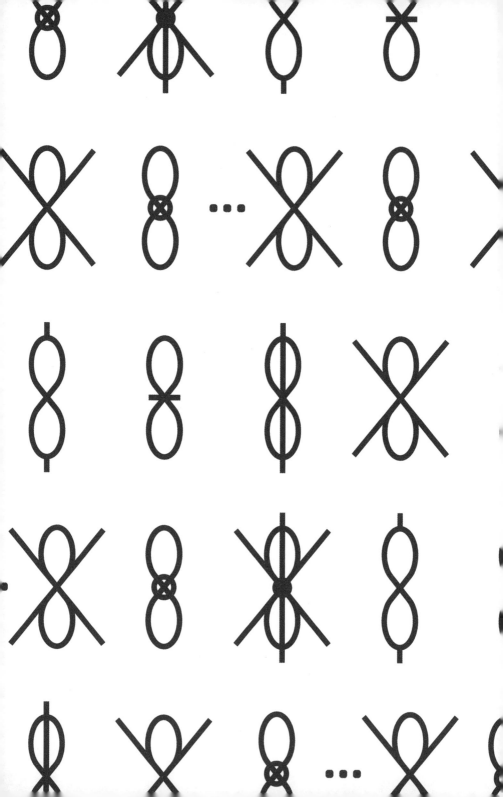

제 1 장

라반/바르테니에프 동작분석

"동작은 우리가 반드시 익혀야 할 인간의 언어 중 하나이다."

— 라반

1. 루돌프 폰 라반
(Rudolf von Laban, 1879~1958)

오스트리아—헝가리 제국의 브라티슬라바에서 태어난 라반은 예술가, 과학자, 철학자이며 건축가이다. 부유한 군인 가정에서 1남 2녀 중 장남으로 태어난 그는 어린 시절 집 근처의 언덕에서 상상력을 펼치며 많은 시간을 보냈으며, 청소년기에는 유럽과 중동 지역에 살게 되었다. 라반이 움직임에 매력을 느끼게 된 것은 중동 지역의 수도승들이 소용돌이치듯 회전하는 춤으로 고통 없이 희열에 이르는 것에 깊은 감동을 받았기 때문이라고 한다. 종교 의식에서 춤을 통해 인간의 한계를 초월하여 자연, 우주와 합일되는 가능성을 발견하였으며, 다양한 문화의 춤을 접하면서 움직임에 깊은 관심을 갖게 되었다. 라반은 어린 시절부터 전문적인 무용 교육을 받은 적이 없고, 대부분 자신의 관찰과 경험에서 흘러나오는 자연스러운 춤을 추었다. 이러한 내면의 느낌에서 흘러나오는 움직임을 기반으로 다양한 동작을 개발하고 그 이론을 발전시켰다.

라반은 동작을 잘 인식하고 동작을 잘 표현하기 위해 인간의 신체 움직임에 담긴 기본 법칙을 발견하려 했다. 20세기 들어 급격히 늘어나는 우주에 대한 지식을 기반으로 무한하게 펼쳐진 우주 공간으로 우리를 이해하려는 그의 연구는 그리스의 철학자이며 수학자인 피타고라스의 기하학을 만나게 된다. 그의 추종자인 플라톤은 '정다각형(Regular Polygon)만으로 이루어진 정다면체(Regular Polyhedron)를 신성시했는데, 이유는 정다면체가 우주의 모양을 설명하기에 가장 좋은 형상으로 생각했기 때문이다.

정다면체는 5개의 완전 입체로 정사면체, 정육면체, 정팔면체, 정십이면체, 정이십면체를 말한다. 오늘날 과학의 발전으로 인해 모든 무기 생명체에서 발생하는 기본 형태가 삼각형이라는 것을 증명하고 있다. 라반은 고대의 플라톤이 우주를 설명했던 5개의 완벽한 모형이 오늘날에도 완벽히 작용하고 있다는 사실에 고무되었으며, 이 다면체가 인간의 움직임을 확장하기 위한 기본 바탕이라 생각했다.

라반은 심리학에도 관심이 많았는데, 이는 라반의 책 『무용수의 세계』(The Dancer's World)의 참고문헌으로 융의 『무의식의 심리학』(Psychology of the Unconscious)이 사용된 것을 통해서 알 수 있다. 1921년 발표된 융의 『심리학적 유형론』(Psychological Types)은 라반의 에포트(Effort) 이론을 만드는 데 영향을 주었다. 라반이 움직임을 심층적으로 이해하는 데 융의 심리학적 이론이 중요한 틀이 되었으며, 이를 통한 그의 직관적인 사고는 움직임 이론을 구체화하는 기초가 되었다.

　　이러한 라반의 움직임 연구는 표현주의 현대무용의 태동에 큰 영향을 주었으며, 그는 현대무용의 아버지라 불린다. 1910년경에는 유럽에 자연주의 철학 사조가 만연했는데, 스위스의 언덕에서 나체로 이루어지는 집단무용을 안무하기도 했으며, 자연 음식과 호흡을 통해 자연의 삶을 추구했다. 2차 대전 이후 독일에서 인간의 내면을 밖으로 꺼내는 표현주의가 탄생했는데, 표현주의는 현실주의에 반대하는 것으로 모든 것은 외부가 아니라 내면에서 시작된다고 주장하는 사조라 할 수 있다. 라반은 이러한 사고에 많은 영향을 받았다. 라반은 "모든 인간 활동의 기초가 되는 신체적/정신적 움직임에 더 많은 관심을 기울이라"고 했다.

라반은 1963년 베를린 올림픽의 개막 공연에 오프닝 댄스와 움직임 합창(Movement Choir)의 안무를 맡았는데, 공연을 준비하는 라반의 설명을 듣던 괴벨스(Gebbels)가 그 내용이 나치와 관련이 없다며 공연을 취소했고, 라반의 작품과 업적 대부분은 나치에 의해 사라지게 되었다.

영국에 망명하여 산업현장에서의 업무 효율성을 위해 움직임 특성에 초점을 둔 에포트를 발전시켰다. 여기에 그의 제자이며 동료였던 워런 램(Warren Lamb)은 몸의 형태에 초점을 둔 쉐입(Shape)이라는 개념을 더했고, 이후 라반의 제자였던 엄가드 바르테니에프(Irmgard Bartenieff)의 펀더멘탈(Fundamentals)을 결합하여 라반 동작분석(Laban Movement Analysis)이 탄생하였다.

2. 엄가드 바르테니에프
(Irmgard Bartenieff, 1900~1981)

독일 베를린에서 태어난 바르테니에프는 무용수, 비교─문화학자, 미국 춤동작치료 분야의 선구자이며, 물리치료에 라반의 동작분석(Laban Movement Analysis)을 적용시켜 LMA의 발전에 중요한 역할을 하였다. 루돌프 라반의 제자였던 그녀는 LMA의 '바디' 영역의 발전에 크게 기여했다. 필자가 라반동작분석을 공부한 미국의 라반동작분석연구소 IMS(Integrated Movement Studies)에서는 그녀의 공헌을 기리는 의미로 L/BMA(Laban/Bartenieff Movement Analysis)라 부른다. 바르테니에프는 움직임을 할 때 몸의 내면과 세상을 살아있게 만들어 주는 내적 신체 연결성을 특별히 강조했다. 라반의 이론과 자신의 경험을 바탕으로 바르테니에프 펀더멘탈(Fundamentals)로 알려진 자기만의 움직임 방법과 구체적인 동작을 개발하여 인간의 움직임과 움직임 훈련의 가능성에 대한 비전을 제시했다.

1940년대에 인간의 움직임을 최대치로 향상시키기 위해 물리치료의 해부학적 동작을 라반의 공간 개념과 통합하여 소아마비 환자의 재활에 획기적인 접근법을 개발하였다. 그녀는 물리치료를 받는 환자의 참여 동기를 이끌어내는 것이 치유 과정의 핵심적인 부분이라고 했다. 소아마비 환자의 근육은 퇴행/수축하기 때문에 그 당시 물리치료사들은 근육을 당겨 억지로 펴지도록 하였다. 바르테니에프는 인간이 공간을 향해 움직이기 위해서는 '동기'가 필요하다고 말하면서, 소아마비 환자들의 근육을 활성화시키려면 근육을 억지로 당기거나 움직이게 하지 말고 그 사람이 근육을 움직일 수 있는 동기를 주어야 한다고 했다. 예를 들어 환자에게 저기까지 손을 뻗으려면 어떻게 하면 좋을지 물어보거나 저 앞에 사과나무가 있다고 상상하면서 사과를 따려면 어떻게 할지 물어보는 것이다. 공간의 한 지점을 향해 팔을 뻗어가도록 이미지와 같은 자극을 주어 동기를 유발시키는 것이다.

그녀는 순수한 '물리치료'나 순수한 '심리치료'는 없으며, 이 둘은 지속적으로 상호 연관되어 있다고 주장하였다. 뉴욕 스포츠 트레이닝 연구소에서 PT 트레이너와 에어로빅 강사들과 이야기를 나누면서, 기술을 향상시키기 위해 단순히 근육을 풀거나 기계적으로 반복하는 동작이 아니라 움직임에 대한 동기를 자극하는 것이 중요하다고 강조했다. 신체 연결 동작을 할 때 동기가 부여되면 신경근육계는 더욱 구체적이고 미세하게 작동하면서 이를 지각할 수 있게 된다.

바르테니에프는 미국무용치료협회(American Dance Therapy Association)의 창립자 중 한 사람으로 움직임의 심리적 활용을 정확하게 알고 있었다. 알버트 아인슈타인 병원의 상담실 한 방향 거울 너머에서 환자/치료사의 움직임 상호작용을 관찰하고, 이후 상담의 방향을 예측하여 의사들을 놀라게 한 일화도 있다. 바르테니에프는 참여자들이 움직임에 관심을 기울이도록 몸으로 경험시켰다. 그녀의 수업은 주로 바닥에 눕지 않고 몸 전체를 움직이는 시간이 아주 많았으며, 공간으로 몸으로 움직이면서 몸의 '내면'에 집중하게 했다.

전통적인 무용 수업에서처럼 기술을 향상키려고 끝없이 반복하는 것은 별로 중요하게 생각지 않았다. 새로운 동작 경험은 모두 신경근육을 재패턴화해 주기 때문에 바르테니프의 수업에는 다이내믹의 범위와 공간의 사용이 아주 다양해졌다. 바르테니에프 펀더멘탈(Bartenieff Fundamental) 지도자 과정에 참여한 사람들에게는 "이 시간에 이론적인 것을 가르치기보다는 봄에 집중하고 대비되는 움직임을 많이 경험하도록 수업을 진행하세요!"라고 가르쳤다. 그녀는 마음, 신체, 행동이 하나이며, 마치 우주가 서로 연결된 것처럼 개인은 문화와 하나이고, 동작은 의지를 갖고 움직이는 것이 가장 핵심이라 했다.

바르테니에프는 1987년 라반/바르테니에프 뉴욕연구소를 세워 많은 제자들에게 자신의 아이디어와 몸의 직접적인 경험을 전했다.

3. 라반/바르테니에프 동작분석

　미국의 라반동작분석 교육 기관 IMS(Integrated Movement Studies)는 바르테니에프의 업적을 기리기 위해 LMA에 그의 이름을 추가하여 '라반/바르테니에프 동작분석'(Laban/Bartenieff Movement Analysis. L/BMA)이라 부른다. L/BMA는 인간의 움직임을 인식하고 이해하기 위한 구조와 프레임을 제공하며, 주요 영역은 바디(Body), 에포트(Effort), 스페이스(Space), 쉐입(Shape)이다. 각 영역은 서로 밀접한 관계를 맺고 있으며, 바디, 에포트, 스페이스, 쉐입의 영문 앞 글자를 따서 BESS라 부른다.

　인간의 움직임은 상황에 따라 위의 네 가지 영역 중 어느 한 부분이 강조되기도 하고, 네 개의 영역 모두 동시에 나타나기도 한다. 각각의 영역은 어떤 움직임이 생길 때 서로 끊임없이 관계를 형성하며 독특하게 변화되는 방식으로 표현되기 때문에, 네 가지 영역의 관계를 이

바디 커넥션

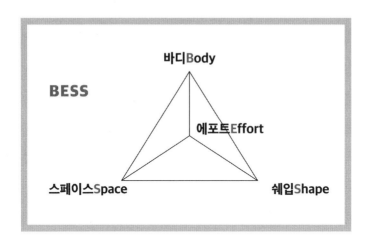

해하게 되면 인간 움직임의 의미를 좀 더 쉽고 명확하게
파악할 가능성이 열린다.

각각의 영역은 2장에서 5장까지 자세히 설명할 것
이다.

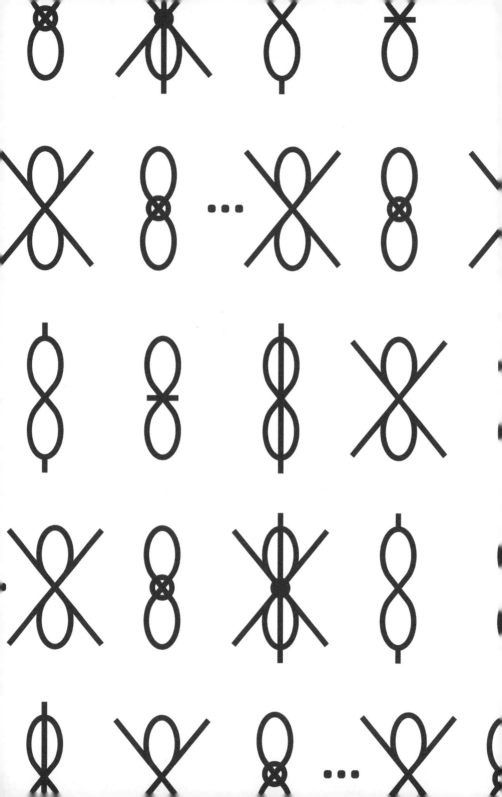

제 2 장

바디
(Body)

　'바디' 영역은 기본적으로 뼈와 근육으로 이루어진
실제적이면서 손으로 만져볼 수 있는 몸에 초점을 두고
있으며, 생각과 마음을 표현하고 의미를 만드는 창조적
인 측면과 움직임 기술을 강화하기 위한 기능적인 측면
이 있다. 이 두 부분은 서로 다른 것처럼 보이지만, 어느
한 부분으로 작업하면 다른 부분이 영향을 받게 된다. 예
를 들어 창조적이며 심상적인 측면으로 움직임을 하게
되면, 몸의 연결과 움직임 테크닉이 발달하며 몸에 대한

제2장　바디(Body)

이해와 새로운 가능성을 활용할 수 있게 된다.

　'바디' 영역에서는 몸의 구성 요소를 이해하고, 편안하고 안정적이며 효율적인 동작으로 표현 능력을 향상시키는 세가지 방법을 배울 것이다.

　첫 번째는 몸의 어디를 움직이는지 설명하는 포스처와 제스처, PGM, 두 번째는 태내기부터 생후 14개월 혹은 2년 반까지 아이가 경험하는 신경학적 움직임 발달 과정인 '전신연결패턴' 6단계, 세 번째는 몸의 연결을 도와주는 '터치'이다.

I. 제스처, 포스처, PGM

제스처는 몸의 한 부분을 움직이는 것으로 몸 전체에 영향을 주지 않는 동작을 말한다. 제스처는 때로 그 사람의 생각을 드러내 주기도 한다. 포스처는 중심을 옮기는 것처럼 몸통을 포함하는 움직임이다. 몸의 한 부분을 흔들거나 돌리는 제스처를 하다가 그 동작을 몸 전체가 움직이는 포스처로 바꾸는 것을 PGM(Posture Gesture Merger)이라고 한다. 제스처는 감정적 투자가 적은 동작이기 때문에 쉽게 따라 할 수 있고, 상징이며 기능적인 것이다. 포스처와 PGM으로 옮겨갈수록 내면과 접촉하게 되고 당연히 감정이 올라오게 된다.

만일 어떤 사람이 어떤 말을 하면서 특정 제스처를 하는데 자기 마음을 잘 모르겠다고 한다면, 제스처에서 PGM으로 옮겨갈 수 있도록 그 동작을 점점 크게 움직이도록 제안할 수 있다. 그 이유는 동작을 크게 하면 몸통을 포함하여 몸의 많은 부분이 움직여지기 때문이다. 감정을 억누르는 사람들의 특징 중 하나는 몸 중심 부분에 긴장이 많다는 것이다. 움직임은 근육 긴장을 풀어 주기 때문에 그동안 나도 모르게 근육을 조이는 방법으로 무의식에 눌러두었던 감정이 흘러나오게 된다. 제스처는 몸의 말단 부분을 움직이는 것으로 감정보다는 사고 과정이 드러난다고 할 수 있고, 몸의 말단과 중심이 함께 움직이는 몸의 어느 부분이 움직이는지에 따라 그 사람의 마음도 이해할 수 있는데, 이런 측면 때문에 심리상담 과정에서 내담자 몸의 어느 부분이 움직이는지 주의를 두고 관찰하면 언어로 표현하지 못하는 무의식을 좀 더 이해하는 데 도움이 될 것이다.

II. 전신연결패턴
(Pattern of Total Body Connectivity)

전신연결패턴(PTBC)은 태내기부터 생후 14개월 혹은 두 살 반 정도까지 아이에게 나타나는 인간의 신경학적 움직임 발달과정(Neurological Movement Progression)에 기초를 두고 있다.

'바디' 영역을 발전시킨 바르테니에프는 인간의 삶에서 동작이 어떻게 변화되는지를 중요하게 생각하였다. 바르테니에프의 제자였으며 바니 베인브리지 코헨(Bonnie Bainbridge Cohen)과 함께 작업했던 페기 해크니(Peggy Hackney)는 인간의 발달 움직임 패턴을 설명하기 위해 여섯 개의 전신연결패턴(Pattern of Total Body Connectivity)이라는 용어를 만들었다. 각 패턴은 그에 해당하는 기호와 신체 각 부분의 연결을 경험하고 탐색할 수 있는 동작과 활동으로 이루어져 있다.

1. 호흡(Breath)
2. 중심—말단 연결(Core-Distal Connectivity)
3. 머리—꼬리 연결(Head-Tail Connectivity)
4. 상—하체 연결(Upper-Lower Connectivity)
5. 신체—좌우 연결(Body-Half Connectivity)
6. 교차—측면 연결(Cross-Lateral Connectivity)

여기에서는 여섯 개의 신체 연결패턴과 그 패턴이 발달하는 시기 그리고 각 패턴이 인간의 삶에 어떤 도움을 줄 수 있는지 살펴볼 것이다.

탄생부터 걸음걸이까지 아이의 움직임을 자세히 관

찰해 본 사람이라면, 대부분의 아이들이 자연스럽게 위의 여섯 단계를 거쳐 간다는 것을 알게 된다. 아이는 태어나서 약 한 달 반 정도는 하루 종일 잠을 자는 것처럼 움직임이 아주 적은데, 이때 특징적인 움직임이 바로 호흡이다. 아이가 숨을 쉬는 모습은 마치 풍선처럼 몸통 전체가 부풀어 올랐다 내려가는 것을 관찰할 수 있다. 그러다 어느 날부터 마치 자신에게도 팔과 다리가 있다는 것을 확인하듯이 장난감처럼 팔다리를 입에 넣거나 발로 바닥을 구르는 동작을 한다. 좀 더 시간이 지나면 발로 바닥을 밀어 자리를 옮겨가거나 팔다리를 이용해서 몸을 뒤집기도 한다. 생후 6~7개월쯤 되면 배를 바닥에 붙이고 움직이는 배밀이를 시작한다. 다양한 배밀이로 바닥에서 몸을 이동하던 아이는 자리에 앉아 수직으로 몸을 세운 다음, 일정 시간이 지나면 눈에 보이는 모든 물건을 붙잡고 일어나려고 애를 쓴다. 벽이나 무언가 의지할 만한 것을 붙잡고 일어났다 앉기를 반복하던 아이는 어느새 몸을 일으켜 앞으로 나아가기 위한 발걸음을 뗀다. 아이의 최초 직립보행은 중심과 연결이 완성되지 못한 다리로 인해 좌우로 뒤뚱거리게 되고, 내적 욕구 충족을 위해 뻗어 가는 팔과 몸통을 지탱하기 위해 걷고 넘어지기를 반복한다. 서서히 몸의 중심을 잡고 지구에 단단히 뿌리를 내린 아이는 이제 세상을 향한 힘찬 도약의 발걸음을 시작한다.

위와 같은 인간의 움직임 발달과정에서 여섯 가지 연결패턴이 하나씩 차례대로 나타나는데, 그걸 충분히 몸에 익히면 그 부분의 연결이 다음 연결패턴의 토대가 된다. 호흡이 나타나고, 그것을 충분히 몸에 익히면 신경계 안으로 흡수되고, 다음 순서인 중심—말단 연결패턴이 나타나는 것이다. 마지막 단계인 교차—측면까지 발달이 진행되면 이전의 연결패턴은 자연스럽게 신경 시스템에 저장되어 필요한 상황에서 언제든지 사용할 수 있게 된다. 여섯 개의 연결패턴 아래에는 신경학적인 원시 반응, 정위, 평형 반사 작용 등 신경학적 기반이 있고, 아이의 신경계에 담겨 있다. 각각의 연결패턴은 인간의 몸이 아주 다르게 연결되는 것을 보여준다.

'패턴'이라는 말은 각 단계에서 사용할 수 있는 다양한 동작을 말한다. 예를 들어 호흡할 때 코로 들이쉬고 입으로 내쉴 수도 있지만, 코로 들이마시고 코로 내쉴 수도 있다. 양팔을 벌려 기지개를 켜는 것처럼 크게 움직이며 호흡하거나 주로 아랫배로 호흡할 수도 있을 것이다. 이 모두를 호흡 패턴이라 부른다.

동물의 생명은 움직임으로 시작하고, 그 움직임이 멈출 때 생을 마감하게 된다. 인간의 움직임은 그저 근육과 뼈를 움직이는 것이 아니다. 몸 전체로 뻗어있는 신경계가 주변과 자기 내면의 상태를 감각하여 척수를 통해 뇌로 보내고, 뇌의 운동 출력이 몸으로 전달되는 것이다.

대체로 모든 유아는 자연스럽게 몸의 각 부분이 연결되는 패턴으로 움직이는데, 이러한 연결패턴은 뇌의 발달과정을 체계화시키고 몸의 기능이 발달하도록 도와준다. 또한 각 단계의 기능과 표현은 서로 연결되어 있기 때문에 표현력도 늘어난다. 이 모든 것은 심리 신체적 발달이며, 인간의 삶이 풍성하게 피어나도록 도와주는 지지 기반이 된다.

어떤 이유에서든 이러한 신경학적 패턴이 방해를 받기도 하고, 아이의 주변 환경의 어려움으로 각 패턴을 완전히 경험하지 못할 수 있다. 이는 성장하는 과정에서 심리적 어려움을 만들 수도 있다. 만일 어떤 아이에게 발달장애 혹은 심리적 문제가 생겼을 때 발달 패턴의 움직임을 할 수 있게 도와주면, 뇌의 발달과 함께 정상적인 심리 신체적 발달 과정에 도움이 된다. 좀 더 어린 시기에 전신연결패턴으로 개입하면 할수록 더 효과가 있다. 바르테니에프는 아이가 어떤 패턴에 고착되어 있다면, 그 전 단계로 돌아가서 작업해야 한다고 했다. 이전 패턴이 충분히 발달하면, 그것의 지지를 받아 다음 단계의 발달이 자연스럽게 이루어진다.

그렇다면 첫 번째 단계인 호흡을 못 하는 사람은 이전 단계가 없는데 어떻게 해야 하는가? 이런 경우에는 호흡과 터치에 많은 시간을 들여야 한다. 어떤 질병이나 사고가 있더라도 이 패턴을 다시 경험하고 연습하게 되면, 일정 정도의 가동성과 몸의 안정성을 회복할 수 있다. 어른으로 성장한 이후에도 기본 신경 발달 패턴으로 돌아가서 재훈련하는 것이 가능하다. 성인이 되어 전신 연결패턴을 연습하게 되면 심리적 어려움을 극복할 수 있는 내면의 힘을 기를 수 있고, 습관적인 반응이 아닌 현명한 선택을 통해 삶의 질을 향상시키는 풍요로운 인생을 만들어 갈 수 있다. 우리의 목표는 여섯 개의 연결 패턴을 이해하고 그것을 경험하여 몸에 장착하는 것이지만, 그 과정이 하루아침에 이루어지는 것은 아니고, 조금씩 앞으로 나아가며 성장하는 여정이 될 것이다.

이제 각각의 전신연결패턴을 좀 더 구체적으로 살펴보겠다. 각 연결패턴을 소개하면서 각 패턴의 신체/심리적 의미와 동물의 이미지로 표현되는 상징, 연결 패턴을 도와주는 동작과 활동 그리고 일상생활과 심리상담 영역에서 자신을 좀 더 깊이 이해하는 데 도움이 되는 방법과 질문을 다룰 것이다.

1. 호흡 패턴

생명이 있는 곳에 호흡이 존재한다. 호흡은 모든 움직임과 리듬과 생명의 핵심 요소이다. 바르테니에프는 호흡을 유기체의 핵심 기능의 중심이라 설명하면서, 들숨과 날숨은 일정한 리듬으로 반복된다고 했다. 호흡은 무의식적으로 일어나지만 생각, 감정, 의식의 영향을 받는다. 우리가 호흡에 주의를 기울여 의식한다면 이러한 영향을 조절할 수 있다. 전 세계적으로 호흡에 초점을 두는 영적 수련법이 많은데, 그것은 호흡이 자기중심, 살아 있음의 근원 상태인 존재로 돌아오게 하기 때문이다.

온전하고 편안한 호흡을 위해 중요한 근육을 횡경막이라 부르는데, 이것은 아주 크고 낙하산처럼 위로 볼록한 모양을 하고 있다. 들숨과 날숨은 횡경막의 수축과 이완으로 일어나는 현상이라 할 수 있다. 들숨에서는 횡경막이 수축하며 아래로 내려가서 내장을 누르게 된다. 이때 횡경막에 의해 눌린 아랫배가 골반과 단단한 척추 때문에 아래와 뒤쪽으로 팽창할 수 없어 자연스럽게 앞으로 불룩하게 나오게 된다. 호흡은 혈액에 산소를 공급할 뿐 아니라 횡경막을 움직여 온몸이 호흡의 움직임을 느낄 수 있게 해 준다. 또한 온몸을 지나가면서 세포 사이를 부드럽고 유연하게 만들어 준다.

내게 라반/바르테니에프 동작분석을 가르쳐 준 제니스 메이든(Janice Meaden) 선생님은 호흡 패턴을 '아메바'에 비유했다. 대표적인 단세포 생물인 아메바는 몸 전체가 하나의 세포로 이루어져 있고, 마치 풍선에 물을 넣고 주물럭거리면 그 모양이 변하는 것처럼 정해진 형태가 없다. 아메바는 탄력이 있는 막을 밀어내면서 몸의 모양을 바꿔가며 몸을 움직인다. 신생아가 숨을 쉴 때 몸통을 움직이는 모습이 아메바 움직임과 아주 비슷하다.

호흡은 폐 호흡과 세포 호흡으로 이루어져 있는데, 이를 통해 산소와 음식물에서 나온 영양분으로 우리 몸을 움직이기 위한 에너지를 만들어 낸다. 건강하다는 것은 모든 세포가 각자 맡은 일을 잘 수행하는 것이다. 호

제2장 바디(Body)

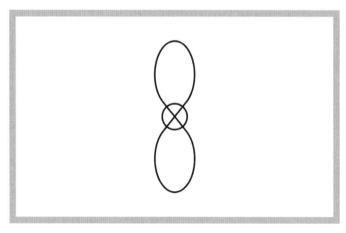

호흡 패턴 기호

흡이 이루어지지 못하면 세포는 생명을 다하게 된다. 또한 호흡은 몸 내부의 움직임을 도와주기 때문에 일상에서 활동을 시작하기 전에 워밍업으로 호흡 패턴을 하게되면 동작이 유연해지고 신체 반응이 좀 더 섬세하고 정확해진다.

움직임을 하기 전에 호흡 패턴을 사용하면 근육에 남아 있는 긴장을 풀어 심리 신체적으로 이완할 수 있게 해준다. 이런 식으로 호흡은 몸통의 지지와 척추의 유연한 파동을 촉진하고, 상체와 하체가 연결될 수 있게 도와준다. 완전한 날숨은 배꼽 주변의 영역이 몸 안쪽으로 움푹 들어가게 하여 다음에 어떤 움직임이 일어날지 가장 먼저 알려준다.

우리가 연결패턴의 심리적 측면을 이해한다면, 일상과 심리치료 과정에서 자신을 이해하는 데 많은 도움을 받을 수 있다. IMS에서는 호흡 패턴이 '신뢰감'과 연결되어 있다고 말한다. 위키 백과에 따르면, 신뢰는 "타인의 미래 행동이 자신에게 호의적이거나 악의적이 아닐 가능성에 대한 기대와 믿음"으로, 언제나 위험을 전제로 하고 있다. 즉, 안전하다는 느낌이 바로 신뢰감이라는 의미이다.

예를 들어 내가 친구 집에 가는데 그 친구가 나에게 뭔가 위협이 될 만한 행동을 하지 않을 것이라는 느낌을 신뢰감이라 할 수 있다. 다른 말로 하면 마음 편하게 친구 집에 갈 수 있다는 뜻이다. 어떤 장소가 편하다는 말은 '그곳에 내가 있어도 괜찮구나', '누가 뭐라 하지 않겠지'라는 느낌인데, 이걸 가리켜 이 공간에 신뢰감이 있다고 한다. 공간이 편안해지면 깊은숨을 쉬는데, 이는 몸이 이완된다는 의미이다. 아이들은 자기가 신뢰할 만한 사람에 안기면 몸을 그 사람에게 내려놓고 이완하지만, 만일 험악한 표정을 한 사람이 와서 자신을 안으려 한다면, 몸이 잔뜩 긴장되고 어디론가 도망갈 것이다.

호흡은 들숨과 날숨의 움직임이다. 움직임은 내가 어느 곳에 주의를 기울인다는 뜻이고, 주의를 기울이면 연결된다. 평소 몸에 긴장이 많다는 말은 자기 몸과 연결되기 어렵다는 의미이다. 그래서 자신의 감정도 잘 알지 못한다. 긴장된 몸은 근육이 고정된 상태이다. 그래서 몸을 이완하려면 수축/이완을 오고 가며 움직여야 하는데, 가장 쉽고 빠르고 재미있게 수축과 이완을 만들어 주는 것이 바로 리듬이고 춤이다. 음악에 반응하지 못하는 사람은 몸의 수축과 이완이 자연스럽지 않아서 그럴 수 있다. 몸치몸의 만성적 긴장으로 인해 수축과 이완이 자유롭지 않은 상태라 할 수 있다.

만일 어떤 사람이 불안함을 자주 혹은 크게 느낀다면 아마도 호흡 패턴에 문제가 있을 수 있다. 호흡을 통해 몸이 이완되면 심리적으로 긴장과 삶의 무게를 내려놓을 수 있고, 다른 사람과 유대감을 느낄 수 있으며, 삶에 기반이 되는 안정감과 자신과 타인에 대한 신뢰감을 느낄 수 있을 것이다.

어른이 되어 호흡 패턴을 연습한다면 자신의 감정과 감각을 잘 느낄 수 있을 것이다. 몸의 내부 감각에 오롯이 주의를 기울이면 현재 자신에게 무엇이 필요한지 알 수 있게 된다. 호흡은 감정 상태에 따라 바뀐다. 불안한 마음이 들면 호흡이 짧거나 잠시 멈춰지고, 마음이 편안해지고 몸이 이완되면 호흡이 길고 깊어진다. 자신의 호흡을 변화시켜 감정 상태를 전환시킬 수 있는데, 이는 호흡이 감정 상태와 그에 따른 반응에 영향을 준다는 걸 알려주는 것이다.

내적인 삶의 표현으로, 호흡 패턴은 소리가 나는 특

성이 있다. 언어적 표현 혹은 소리로 나타나는 모든 표현은 호흡에 지배를 받는다. 호흡을 아주 크게 할 수도 있고, 서서히 감소하다가 멈출 수도 있다. 호흡을 소리로 표현하는 대표적인 예는 웅장하고 열정적인 노래 또는 찬양 예식이 있다. 이렇게 호흡 패턴은 크고 활기차고 기교적인 움직임을 만들어 주는데, 복싱 선수의 펀치를 강화시키고, 수영선수의 출발 속도를 높여준다. 승마선수는 말과 교감하고 말을 통제하기 위해 호흡을 이용하며, 무용수는 크게 회전하기 전에 준비동작으로 숨을 내쉰다.

머리를 많이 쓰고 움직임이 적은 현대인은 주의가 외부로 향하는 경우가 많기 때문에 상체가 긴장되어 답답한 느낌이 생길 수 있는데, 들숨과 날숨의 호흡 패턴에 집중하면 스트레스에 따른 근육 긴장을 이완시키는 데 많은 도움을 받을 수 있다. 우리가 안정감이 필요할 때, 자기 자신과 연결되지 않아 멍할 때, 긴장감과 압박감이 느껴질 때, 극도의 피곤함이 느껴질 때 호흡 패턴은 많은 도움을 줄 수 있다.

특히 다른 사람과의 깊은 연결과 소통을 원할 때도 호흡 패턴이 도움이 되는데, 그 이유는 자기 호흡을 다른 사람의 호흡에 맞추면 그 사람에 대해 이해할 수 있으며 중요한 순간에 그 사람과 하나가 될 수 있기 때문이다. 호흡이 일치되는 순간은 대부분 무의식적으로 일어나지만 호흡을 통해 다른 사람과 함께 공명할 수 있다는 것은 아주 신비로운 일이다.

1) 호흡 패턴을 도와주는 활동

(1) 나를 위한 호흡

호흡을 다른 식으로 표현하자면, 들숨에 몸이 열리면서 확장되고, 날숨에는 몸이 닫히면서 수축한다고 말할 수 있다. 호흡 패턴을 연습하기에 좋은 방법은 바닥에 누워 몸이 지면과 닿는 부분에 주의를 보내며 호흡을 땅에 연결시키는 것이다. 바닥이 잘 느껴진다면, 호흡을 내 몸의 중심과도 연결해본다. 호흡하면서 내 몸의 어느 부분이 움직이는지 살펴본다. 갈비뼈 쪽의 작고 미세한 움직임일 수도 있고, 아랫배나 횡경막의 움직임일 수도 있다. 호흡이 내 마음이나 주의, 생각을 어디로 이끌고 가는지 살펴보라. 혹시 몸의 당기는 곳이나 신경 쓰이는 곳이 있다면 호흡이 그곳으로 들어가도록 해 본다. 들숨이 혈액을 따라 온몸으로 확장되어 가는 것을 느껴본다. 입과 코로 숨을 들어가고 나가게 하면서 그 감각을 느껴본다. 호흡은 내면의 무언가와 연결시키기도 하고, 나보다 더 큰 외부의 무엇과도 연결시켜 준다.

얼굴과 입이 크게 열렸다가 닫으며, 마치 말이 "푸루루~" 하며 소리를 내듯 입술을 떨어본다. "푸루루~~ 푸루루~~" 호흡으로 내 몸을 흔들리게 해 본다. 호흡에 따라 몸의 움직임이 커지기도 하고 작아질 수도 있다. 마치 호흡을 아이라 생각하고 몸을 흔들어 보라. 흔들기도 하고, 공간을 옮겨가기도 하고, 소리를 내면서 다양하게 호흡을 탐색해 본다. 호흡은 우리 몸을 움직이게 해 준다. 들숨이 뼛속 깊이까지 들어가게 해 본다. 근육에도 호흡을 불어 넣어본다. 혹시 몸에서 호흡이 필요한 곳이 있다면 그곳에 손을 댄다. 산소가 필요한 곳은 어디인가.

온몸을 대지에 내맡기면서 나를 든든하게 지지해 주는 것을 느껴본다. 따뜻한 대지가 나를 지지해 주는 온기가 내 몸으로 들어오게 허용해 준다. 그 온기로 숨을 쉬어 본다. 호흡이 필요했던 그 부분을 열어 준다. 호흡은 나를 어떻게 움직이게 만드는가? 호흡은 나를 안정시키기도 하지만, 나를 움직일 수 있게 도와준다.

호흡이 외부로 표현될 때는 어떤 움직임이 만들어지는지 탐색해 본다. 기지개를 켜면서 하품을 하면 몸이 깨어난다. 마치 고양이처럼 온몸이 커지고 작아지는 내면의 동물적 호흡이 나를 깨우게 하면서 호흡 패턴을 탐색해 본다.

(2) 다른 사람과 함께 하는 호흡

다른 사람을 만나서 등을 대고, 나의 등과 상대방의 등에서 느껴지는 서로의 호흡을 느껴본다. 두 사람의 호흡 길이가 같은지, 아니면 서로 다른지 주의를 기울인다.

서로의 호흡이 맞을 때와 차이가 날 때 어떤 느낌인지도 관찰해 보라. 두 사람이 함께 혹은 서로에게 어떤 움직임을 해볼 수 있는지 실험해 보라.

천천히 등을 떼고 파트너와 마주보고 상대의 호흡 패턴을 계속 관찰하면서 어떤 느낌인지 살펴본다. 아직 접촉은 하지 않지만, 서로의 호흡 패턴을 맞춰보면 어떻게 되는지 주의를 기울여 본다. 이제 두 사람의 호흡이 만들어 내는 춤을 춰 본다. 호흡 패턴은 접촉을 통해서도 느낄 수 있지만, 몸이 닿지 않은 상태에서 피부나 세포의 움직임을 통해서도 느껴볼 수 있다. 상대의 패턴을 맞추는 것이 더 좋은지, 아니면 서로 차이가 날 때 더 좋은지 모두 탐색해 본다. 다양하게 호흡 패턴으로 움직여 본다. 부드럽게, 강하게, 빠르게 혹은 길게. 소리를 내면서 호흡할 수도 있고, 하품하거나 소리를 낼 수도 있다.

이제는 파트너와 계속 함께 해도 좋고, 혼자만의 호흡 패턴으로 움직임을 할 수 있다. 내 호흡을 대지에, 하늘에 연결해 본다.

이제 천천히 호흡의 움직임을 마무리한다. 잠시 눈을 감고 호흡 패턴의 경험을 돌아본다. 가장 기억이 나는 순간은 언제인가? 움직임을 하면서 어떤 이미지나 생각, 느낌이 떠올랐는가?

자신의 현재 상태를 글로 적어 본다. 지금 나의 느낌은 어떤가? 편안한가? 불편한가? 이 공간의 에너지는 어떻게 느껴지는가? 가벼운지 혹은 무거운지. 호흡 패턴은 나에게 어떤 자원이 되는가? 다른 사람과 호흡 패턴으로 함께 움직이는 것이 불편했는가? 편안했는가? 내 몸에서 호흡이 더 필요한 곳은 어디인가?

아래의 글은 내가 호흡 패턴으로 30분간 몸을 움직인 후 적었던 글인데, 여러분과 나누고 싶어 그 일부를 소개한다.

"방안은 무겁게 가라앉아 무언가로 가득 찬 느낌이다. 서로 얽혀서 하나가 되고 연결되는 느낌이다. 몸에는 아직도 약간 멍하고 뻑뻑한 느낌이 남아 있다.

… 파트너와 함께 움직일 때 두 사람이 똑같은 동작을 하는 것보다 좀 다르게 움직이는 것이 더 좋았다. 다른 사람과 움직임을 하면서 깨닫게 된 것은 함께하면서도 내 호흡을 잃지 않아야 한다는 것이다. … 호흡은 내가 힘을 낼 수 있게 도와주는 지원군과 같다. 나를 현재로 돌아오게 해 준다. 호흡 패턴을 하고 나서 내 몸의 변화는 전체적으로 이완되었고, 연상되는 이미지는 심해… 깊은 바닷속에 내가 편안하게 누워있는 모습이다."

(3) 3차원 호흡

운동, 춤, 영적 수련과 같은 영역에서 호흡을 자연스럽게 해야 한다고 강조하면서 다양한 방법을 제시한다. 지난 20여 년간 몸과 치유와 관련한 경험 그리고 춤 동작치료사로 다양한 사람들을 만나면서 여러 가지 호흡법을 시도해 보았는데, 라반/바르테니에프 동작분석을 공부하면서 배운 '3차원 호흡'을 임상에 적용했을 때 많은 효과를 볼 수 있었다. 3차원 호흡은 말 그대로 위/아래, 옆, 앞/뒤 세 개 방향으로 몸이 움직여 몸통과 몸 전체가 어린아이처럼 자연스러운 호흡이 일어나도록 도와주는 방법이다.

3차원 호흡 중 첫 번째 방법은 상체(몸통)를 위/아래로 움직이는 것이다. 한쪽 손바닥의 가운데를 배꼽에 대고, 다른 손바닥은 가슴의 중간에 가볍게 댄다. 몸에 닿아 있는 손바닥을 그대로 두고, 들숨에 마치 양 손바닥이 멀어지는 것처럼 몸통을 살짝 위로 들어올려 길게 만든다. 날숨에는 원래 있던 자세로 돌아오면 된다. 위로 올라갔다 내려오는 동작을 크게 할 필요는 없다. 다음 숨을 쉴 때 답답하거나 힘든 느낌이 있다면 위로 올라가는 동작이 너무 커서 그럴 수 있으니 동작의 크기를 작게 해야 한다. 때로는 옆에 있는 사람이 알아차리지 못할 정도로 동작이 아주 작고 느리게 할 수도 있지만 자신의 몸통 움직임이 느껴지기만 한다면 괜찮다.

두 번째 방법은 상체를 옆으로 움직이는 것이다. 명

치(가슴의 중간쯤 쑥 들어간 곳) 좌우의 갈비뼈 부분에 양 손바닥을 댄다. 숨을 들이쉬면서 손바닥을 밀어내는 것처럼 살짝 몸통을 부풀렸다가 날숨에는 몸통의 힘을 빼면 된다.

세 번째 방법은 상체를 앞뒤로 움직이는데, 양 손바닥을 겹쳐서 배꼽 근처 몸의 중심에 댄다. 들숨에 손바닥을 밀어내는 것처럼 배를 부풀리고, 날숨에는 힘을 주었던 배를 이완시키면 된다.

3차원 호흡을 통해 몸의 내부와 외부의 연결감을 느낀 후에는 이 느낌을 일상으로 가져가는 것이 중요하다. 일상생활에서는 의자나 바닥에 앉아서 충분히 연습한 다음, 바닥에 누워 온몸으로 3차원 호흡을 해 보는 것이 좋다.

(4) 힐락(Heel Rock)

일상에서 호흡 패턴을 쉽게 적용할 수 있는 또 다른 방법이 '힐락'(Heel Rock)이다. 힐락은 아주 작은 움직임이라서 언제, 어디서나 할 수 있으며, 몸의 긴장된 부분을 빠른 시간에 이완시키는 아주 효율적인 방법이다.

힐락은 말 그대로 뒤꿈치를 바닥에 대고 발목을 까딱거리는 동작으로, 뒤꿈치가 마치 바위가 흔들리듯 움직이는 것이다. 이 동작을 하기 위해서는 앉은 상태에서 뒤꿈치와 좌골(Sitting Bone)이 연결된 느낌을 갖도록 손바닥으로 발 뒷부분을 쓸어 준 다음, 발목을 구부렸다 펴면서 뒤꿈치를 바닥에 대고 흔드는 연습을 한다. 앉아서 하는 힐락 동작이 어느 정도 익숙해지면 바닥에 누워 발목의 흔들림이 만들어 내는 파동이 발끝에서 종아리, 무릎, 골반, 몸통을 통해 머리로 흘러가게 한다. 바르테니에프는 머리부터 발끝까지 온몸의 연결감이 잘 느껴지게 하기 위해 힐락을 사용했다고 한다. 이때 흔들림이 어디에서 시작되고 어디로 흘러가는지 그리고 어느 부분에서 흔들림이 가장 잘 느껴지는지 주의를 기울이는 것이 중요하다.

위에서 설명한 '3차원 호흡'과 '힐락' 그리고 '전신 연결패턴 6단계'는 유튜브 '춤테라피 TV'에서 영상으로 볼 수 있다.

2) 호흡 패턴에서
자신을 좀 더 이해하게 도와주는 질문

—— 들숨과 날숨은 어느 쪽이 더 길고 짧은가?
—— 평소 나는 언제 긴장하고, 그때 어떻게 행동하는가?
—— 호흡 패턴을 일상에서 언제, 어떻게 적용할 수 있을까?

2. 중심—말단 연결

두 번째 전신연결패턴은 중심—말단 연결이다. 중심—말단 연결에서는 몸의 중심과 중심에서 가장 먼 부위인 말단 그리고 중심과 말단 사이의 연결성에 초점을 두는데, 이 말은 몸 전체를 의식한다는 의미이다. 말단(가장자리)은 몸의 가장 바깥 부분을 말하는데, 우리 몸에

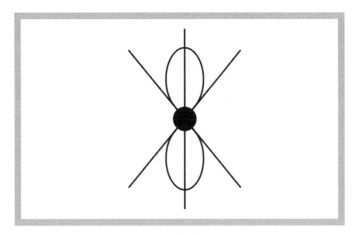

중심—말단 연결 기호

는 여섯 개의 말단이 있다. 머리와 흔적으로만 남아 있는 꼬리 그리고 손가락과 발가락이다.

'중심'이라는 단어를 다음 사전에서는 가장 가운데가 되는 곳이며 중요한 부분이라 설명한다. 바디 커넥션에서는 '에너지 센터'라 부르기도 한다. 인간에게 중심은 배꼽 주변에 위치한다. 어느 한 지점을 말하는 것이 아니라 소화기관과 내장의 근육을 모두 포함한다. 몸의 중심이 살아 있으며 유연하고 힘이 있다면 동작을 할 때도 몸이 과도하게 긴장되지 않는다. 중심—말단 연결은 살아있는 중심에서 몸의 각 부분을 통해 말단의 끝까지 에너지가 뻗어 나가는 통로라고도 할 수 있다.

발달이란 변화이며, 형태가 없던 것에서 형태가 생겨나는 것을 말한다. 중심—말단 연결을 동물로 비유하자면 '불가사리'라 할 수 있다. 불가사리는 입이 몸의 중심에 있고 그 입으로 영양분을 흡수한다. 인간에게도 뇌와 비슷한 것이 몸의 중심에 있다고 하는데, 그래서 직관을 이야기할 때 중심을 가리키는지도 모른다. 불가사리는 중심에서 말단이 뻗어 나오는데, 말단 끝에 감각 신경이 있다. 중심과 말단이 연결되어 있어 중심에서 일어나는 일은 말단에서도 일어나고, 말단에서 무슨 일이 생기면 그 영향이 중심에도 나타난다. 이것을 중심—말단 연결이라 부른다. 동물의 몸에 말단이 생겨난 이유는 세상을 좀 더 잘 만나기 위함이다. 단세포인 아메바도 세상을 잘 만나고 생명을 유지할 수 있는데, 말단이 생겨난 이유

는 좀 더 진화된 방식으로 세상과 접촉하려는 자연의 의
도가 아닐까?

중심—말단 연결의 심리적 측면은 '안정감'이다. 우
리는 자신이 원하는 무언가를 얻기 위해 세상으로 나갔
다가 때가 되면 집으로 돌아온다. 몸도 마찬가지로 세상
에 나갔다 안식처인 집으로 들어온다. 몸에서 집은 바로
중심이다. 우리는 세상으로 나갔다가 집으로 돌아온다.
그런데 세상으로 나갔다가 집으로 돌아오지 않고 떠돌
아다니는 사람들이 있다. 떠돌아다니기만 한다면 안정감
을 느끼지 못할 것이다. 늘 어딘가를 헤매는 느낌으로 무
언가를 배우러 떠돌아다니는 사람들이 있다.

중심은 나의 집이고 동시에 나 자신이다. 삶이란 나
를 떠나 세상과 사람들을 만나고 관계를 맺고 다시 내
게 돌아와야 한다. 돌아온다는 말은 지금 내 느낌이 어떤
지를 확인하는 것이다. 내게 필요한 물건이 있다면(중심)
그곳으로 손을 뻗어(말단) 나에게(중심) 가져온다. 가져온
물건을 만져보고 '아! 이건 별로다(중심)'라는 생각이 들

제2장 바디(Body)

면 다시 손을 뻗어 (세상) 다른 물건을 찾는다. 세상으로 나가 뭔가를 계속하는데 만족이 잘 안되는 사람은 아마 좋아서 그 일을 하고 있는 것이 아니기 때문에 허전한 느낌이 들 수도 있다.

중심과 말단으로 세상에 나갔다가 집으로 들어오는 것이 바로 연결이고, 이것이 안정감을 만든다. 만일 계속 집에만 머물러 있으면 안정감이 들까? 아마 지겨울 것이다. 세상으로 나갔다가 중심으로 들어와야 한다. 그때 중심은 내 느낌이 어떤지를 말하는 것이다. 나는 대학원에서 학과장을 하면서 휴학생들과 이야기를 나눈 적이 있는데, 다른 사람들이 공부하니까 별생각 없이 입학한 학생들의 휴학률이 대체로 높다는 것을 알게 되었다. 중심ー말단 연결을 우리 삶에 적용하면, 내 중심이 어떤지 느껴보고 세상으로 나가는 것이 중요하다는 것이다.

우리는 성장하면서 주변 환경에서 자아를 구별하기 시작하는데, 중심ー말단 연결은 몸 깊은 곳에 새겨진

패턴이라 할 수 있다. 이 패턴은 '자아'로 돌아오고 '세상과 다른 사람'에게 나아가는 기본적인 관계 리듬을 도와준다. 바르테니에프는 대부분의 경우 몸 전체를 열고 닫기(Open & Closing), 수축하고 확장하기(Condensing & Expanding) 동작으로 수업을 시작했다. 그 이유는 참여자 대부분이 동작을 할 때 몸의 중심에서 시작하지 않고 몸의 말단을 주로 사용했기 때문이라고 한다. 중심과 연결이 끊긴 말단의 움직임은 유연함이 적거나 강한 힘을 낼 수 없게 된다. 갓난아이가 머리를 움직이는 모습을 관찰해 보면 그 움직임은 목이 아니라 배꼽에서 시작된다는 것을 알 수 있다.

중심—말단을 잘 연결시킬 방법은 '우' 소리를 낮고 길게, 배꼽 근처가 쑥 들어갈 정도로 내는 것이다. 바르테니에프는 살아있으며 유연한 중심을 설명하기 위해 '코어 서포트'(Core Support)라는 용어를 사용했다. 코어 서포트에서 강조하는 것은 몸 내부의 힘을 강화하려고 코어를 단단하게 힘을 주어 고정시키는 것이 아니고, 반대로 근육에 힘을 완전히 빼고 축 늘어지는 것도 아니다. 필요할 때 언제든지 수축과 이완할 수 있는 부드럽고 유연한 코어를 말하는 것이다.

만일 어떤 사람이 중심과 연결하지 않은 상태에서 말단의 근육을 과하게 사용한다면 아마도 열심히 노력은 하지만 '마음을 담지 않는' 상태라고 할 수 있을 것이다. 내면이 살아있는 중심의 지지를 받으면 말단이 세상으로 힘차게 나아갈 수 있으며, 말단에서 느껴진 세상의 정보는 중심으로 흘러들어와 그것이 자신에게 어떤 의미가 있는지 이해할 수 있어야 한다.

중심—말단 연결은 일상에서 아침에 잠자리에서 일어나 기지개를 켜거나 체육관에서 무게를 들어 올리는 모습으로 나타난다. 바디 커넥션에서는 "몸 전체가 연결되어 있고, 모든 부분은 서로 관계를 맺고 있다. 몸의 한 곳을 움직이면 몸 전체에 영향을 주고 변화된다"고 말한다. 중심—말단 연결을 위한 동작을 할 때 자신의 중심을 찾고 자기만의 공간을 만든 다음, 몸 전체가 중심을 향해 모아졌다가 중심에서 여섯 개의 말단을 거쳐 세상을 향해 펼쳐나가는 느낌을 갖는 것이 중요하다.

1) 중심―말단 연결을 도와주는 활동

몸의 중심―말단 연결하기 위한 활동으로 바닥에서 할 수 있는 동작, 서서 할 수 있는 동작, 다른 사람과 함께 할 수 있는 동작을 소개하겠다.

(1) 바닥에서 하는 동작

양팔을 바닥에 대고 벌려 어깨보다 약간 올라가게 하고, 다리는 어깨 넓이보다 약간 넓게 벌려 X자 모양을 만든다. 중심―말단 연결을 위한 동작을 하기 전에 터치를 통해 중심에서 말단까지의 연결을 느껴보는 것이 필요하다. 중심에서 말단까지의 연결 경로를 두드리고 쓰다듬는 것이다.

중심에서 왼쪽 손끝(말단)까지 연결되는 느낌을 찾기 위해, 오른쪽 손바닥을 몸의 중심(배꼽 근처)에 댄다.

중심에서 왼손 끝까지 마치 새로 길을 만드는 것처럼 중심─갈비뼈(왼쪽)─심장─왼쪽 어깨─팔꿈치(안쪽)─팔목(안쪽)─손바닥─손끝까지 손바닥으로 톡톡 두드린다. 그리고 그 경로를 따라 손바닥으로 가볍고 부드럽게 쓰다듬는다. 같은 방법으로 중심을 다른 말단과도 연결해 준다.

중심─말단 연결을 도와주는 동작은 꽃이 피었다가 오므라지는 것처럼, 온몸을 X자 모양이 활짝 폈다가 작은 공처럼 동그랗게 몸을 만드는 것이다. 준비동작으로 천천히 숨을 쉬며 온몸이 바닥에 잘 닿아 있는지 확인한다. 바닥에 X자로 누워 있다가 오른쪽으로 몸을 웅크린 태아 자세를 만든 다음, 다시 몸을 활짝 펴면서 바닥에 등을 대고 눕는다. 왼쪽으로도 몸을 웅크려 태아 자세가 되었다가 다시 바닥에 등을 대고 누우며 몸을 X자 모양을 만든다. 이 동작을 3~4회 반복해 본다.

(2) 서서 하는 동작

양발을 어깨 넓이 정도로 벌리고 서서 무릎을 살짝

굽힌 다음 팔을 구부려 팔꿈치가 중심을 향하게 하고 상체를 공처럼 둥그렇게 만든다. 준비가 되면 한쪽 발을 앞으로 내디디며 X자 모양으로 몸을 활짝 편다. 다시 몸을 조그만 공처럼 동그랗게 만들고 이제는 몸의 중심에 밝은 해가 있다고 상상해 보라. 나의 중심에서 환하게 빛나는 햇살이 여섯 개의 말단을 통과해서 저 멀리 우주로 뻗어 나가도록 온몸을 최대한 열어 준다. 이제 온몸을 중심으로 수축하면서 그 햇살이 내 중심으로 돌아오게 한다.

(3) 그룹으로 하는 동작

두 명씩 짝을 정한 다음, 한 사람은 공간의 한쪽에 서고 다른 사람은 반대쪽에 서서 두 사람이 서로 마주본다. 공간의 한쪽에 한 줄로 서 있는 사람들과 반대쪽에 한 줄로 서 있는 사람들이 서로 마주보고 서서 중심을 향해 작은 공처럼 몸을 수축시킨다. 준비가 되면 양쪽에 있는 사람들이 동시에 가운데를 향해 앞으로 나가면서 온몸을 활짝 열었다가 작게 오므리는 동작을 반복한다. 중간에서 짝을 마주하면 열고 닫는 동작을 멈춘다.

2) 중심─말단 연결패턴에서 자신을 돌아보는 질문

—— 나에게 중심이란 어떤 의미인가?

—— 중심에서 외부로, 외부에서 중심으로. 나는 어느 쪽이 좀 더 쉽고 편안한가?

—— 내 느낌이나 욕구에 민감한가?

—— 나는 주변에서 일어나는 상황을 잘 인식하는 편인가?

3) 바디 커넥션 프로그램 참여자의 중심-말단에 대한 경험

"나는 평소에 가족이 내 중심이라고 생각했고, 중심을 외부에서 찾으려는 경향이 많이 있었죠. 이 경험을 통해 내가 중심이 될 필요가 있으며, 내가 중심을 잘 잡고 내 안에서 중심을 잘 찾는다면 평소에 생각했던 가족도 모두 온전해질 수 있다는 걸 알게 되었어요. 중심이 내가 될 수도 있고, 내 안에서 중심을 찾아야 한다는 걸 많이 느꼈어요."

. "저는 배의 감각을 잘 못 느껴서 그런지 인간관계에서도 내 중심 내 마음적인 중심이 없으니까 늘 다른 사람에게 끌려다닌 것 같아요. 이 경험을 통해 몸과 정신적인 부분이 비슷하다는 걸 자각하게 됐어요. 중심이 가운데라는 뜻도 있지만, 귀중하고 소중하다는 의미도 있다고 하니 지금부터 귀중하고 소중한 것을 찾아야겠어요."

3. 머리-꼬리 연결

전신연결패턴의 3번째 단계인 머리-꼬리 연결은 머리와 꼬리가 척추로 연결된 것이 그 특징이다. 양 손끝과 발끝, 머리와 꼬리, 여섯 개의 말단 중에서 수직선에 위치한 머리와 꼬리의 연결, 즉 척추에 초점을 둔다. 척추는 뇌척수액과 중추 신경계를 감싸는 여러 개의 뼈로 이루어져 있다. 각각의 뼈는 아주 단단하지만, 척추 전체를 아주 유연하게 움직일 수도 있다. 척추 전체를 3차원으로 움직이면 몸이 경이롭게 느껴진다. 척추 전체를 동시에 움직일 수도 있고, 머리에서 움직임을 시작해서 척추를 따라 꼬리까지 마치 파동처럼 움직이면서 척추를 하나씩 움직일 수도 있다.

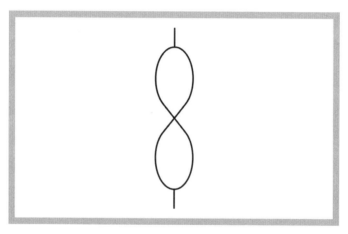

머리—꼬리 연결 기호

머리-꼬리 연결을 잘 보여주는 동물은 무엇일까? 중심-말단 연결에서 불가사리의 뇌는 중심에 있었는데, 이제 그 뇌가 서서히 머리로 올라가고 눈, 코, 귀, 입이 만들어진다. 마치 물고기와 같다. 이전에는 배에 있던 감각신경이 머리로 올라간 것이다. 꼬리가 물속에서 미는 힘을 만든다. 물고기는 머리-꼬리 연결패턴으로 움직인다. 눈으로 먹이를 찾고, 입으로 음식물을 가져오며, 원시적인 청각도 있다. 머리는 호기심으로 움직이고, 꼬리는 물을 헤치며 나가는 힘을 만들어 그곳으로 데려간다.

태아와 신생아의 발달 초기 단계에서 머리-꼬리 연결(척추)은 물결처럼 위/아래, 좌/우, 앞/뒤의 3차원으로 부드럽게 움직인다. 이 움직임은 힘 있고 유연한 코어를 발달시키고, 수직으로 몸을 세울 수 있는 안정성을 마련해 준다. 머리(눈, 코, 입, 귀)의 감각은 아이가 세상으로 관심을 보내게 해 준다. 세상을 보고, 냄새 맡고, 먹고, 듣고 싶은 욕구가 머리를 움직이게 해 준다. 머리가 세상으로 나가고 싶을 때 꼬리는 바닥을 밀어 몸이 공간으로 움직이게 해 준다. 자연 분만의 경우 출산이 시작되면 태아는 온몸과 특히 척추의 지지를 받아 몸을 비틀며 온 힘으로 사력을 다해 머리를 밀면서 산도를 빠져나와 세상에 태어난다고 한다. 온 몸이 마치 우주 공간처럼 따스한 양수에 둘러싸여 있던 아이는, 탄생을 위해 척추를 비롯한 단단한 뼈의 도움을 받아 힘겨운 삶의 몸짓을 시작하는 것이다. 처음이자 어쩌면 마지막으로 엄청난 힘을 써보는 경험이 자기 삶의 어려움을 극복할 자원이 되는 것이다. 어린아이의 감각 발달 순서는 입에서 빠는 것과 청각으로 시작된다. 실제로 아이가 엄마 젖을 빠는 움직임은 입에서 소화기관을 통해 꼬리까지 연결되는 것을 볼 수 있다. 머리와 꼬리의 연결 감각과 척추의 움직임을 경험하고, 소화기관을 따라 부드러운 척추와 등의 단단한 척추가 있다는 것을 알게 된다. 머리―꼬리 움직임은 앞과 뒤 그리고 옆으로도 움직이지만, 머리가 꼬리를 찾는 것 같은 비틀기도 일어난다.

머리−꼬리 연결은 심리적으로 '자신감'과 관련이 있다고 한다. "나는 자신이 있다"고 말할 때 자기도 모르게 척추를 반듯하게 세우게 된다. 자신감은 어떤 일을 해낼 수 있다는 느낌이다. 자신감이 있다는 것은 자기에게 주어진 과제를 수행할 수 있다는 능력과 관련이 있다. 예를 들어 "나는 요리에 자신이 있어"라고 한다면 요리를 잘한다는 뜻일 것이다. "운동에 자신이 있어" 혹은 "공부에 자신이 있어"라고 할 때 내가 그걸 할 수 있는 능력이 있다는 것이다. 그 능력은 유연성과 힘으로 만들어진다.

어떤 사람의 유연성과 힘은 주로 척추에서 나타나는데, 우리의 척추는 뼈로 이루어져 있다. 척추뼈는 단단하지만 하나의 통뼈가 아니라 여러 개의 작은 뼈로 연결되어 있다. 아주 단단하고 반듯하게 설 수도 있지만, 부드럽게 사방으로 움직이기도 한다. 사방을 볼 수 있다는 것이 유연성을 말한다. 위−아래, 앞−뒤, 좌−우, 3차원으로 움직이는 것이 유연성을 만들어 준다. 이렇게 유연하고 강한 것을 자신감이 있다고 한다.

척추의 자세에 따라 그 사람의 내적 태도를 짐작해 볼 수 있다. 척추에 힘을 주어 몸통을 바짝 들어 올리고 턱을 세우고 있다면 '공격적이거나 과도한 자부심'이 있는 사람이라고 보일 수 있고, 머리를 뒤로 젖히고 목에 힘을 주고 있다면 다른 사람을 '평가하기 좋아하고 거들먹거리는' 사람으로 인식될 수도 있다. 아이들은 스스로 '이 정도는 할 수 있어'라는 마음이 들면 척추를 똑바로 세우고, 할 수 없다는 생각이 들면 허리가 푹 꺼지며 척추가 휘어진다.

현대인의 대부분은 머리—꼬리 연결을 거의 사용하지 않는데, 마치 머리를 추켜세우고 척추 부분인 몸통을 분리하여 끌고 다니는 것 같다. 지난 수백 년간 몸과 마음을 분리해 온 서양의 문화와 그 문화를 고스란히 받아들인 우리의 현재를 생각해 보면, 어쩌면 당연한 결과인지도 모른다.

성인에게 머리—꼬리 연결은 일상생활에 많은 영향을 준다. 머리에서 꼬리까지 이어지는 중심선(척추)이

유연하고 단단하게 잘 발달되면, 자신의 욕구와 필요한 것을 충족시킬 수 있다. 유연한 척추는 다양한 상황에 적응할 수 있으며, 단단한 척추는 확고하게 자신의 목표에 전념할 수 있게 해 준다. 머리를 많이 사용하지만 몸은 거의 움직이지 않는 현대 생활에서 오랜 시간 의자에 앉아 몸을 움직이지 않아 긴장감이나 답답함이 느껴질 때 아래에서 제시하는 머리—꼬리 연결 동작을 하면 몸을 부드럽게 이완시킬 수 있다.

1) 내려놓기—밀어내기
—뻗기—붙잡기—당기기 패턴

머리—꼬리 연결에서 내려놓기—밀어내기(Yielding-Pushing), 뻗기—붙잡기—당기기(Reach-Grasp-Pull)의 기본 신경세포 패턴을 적용하면 몸의 연결을 좀 더 강화할 수 있다. 이 패턴은 보니 베인브리지 코헨(Bonnie Bainbridge Cohen)의 바디마인드센터링(Body

Mind Centering)에서 발전시킨 개념이다. 내려놓기—밀기—뻗고—잡고—당기기의 연결된 움직임은 자신이 원하는 것을 찾아 그것을 자신에게 가져와 자신의 욕구를 만족시키는 과정이라 할 수 있다.

내려놓기와 밀어내기(Yielding & Push)는 몸이 바닥에 잘 닿아 있다는 느낌(그라운딩)을 도와준다. 내려놓기는 마치 아이가 졸려서 엄마 품에 안기는 모습을 생각해 볼 수 있는데, 아이의 피부와 닿아 있는 엄마의 몸에 자기 몸을 완전히 맡기는 것이다. 이때 아이는 엄마와 '함께 있다'는 느낌과 함께 세상에 대해 힘이 있다는 느낌을 갖게 된다. 밀어내기는 자신의 에너지를 외부 대상에 보내는 것으로 누군가 혹은 어떤 것에서 멀어지거나 그쪽을 향해 움직일 수 있게 해 준다. 대지에 나를 온전히 내맡길 수 있을 때, 거기로부터 밀고 나갈 힘이 생겨난다.

뻗기—붙잡기—당기기(Reach-Grasp-Pull)는 생존을 위해 필요한 것을 소유하려는 욕망에서 생겨나는 움직임이다. 아이는 손가락이나 발가락을 뻗어 자신이 원하는 것을 감싼다. 뻗기는 주변 환경을 향해 자기 몸을 확장하는 행위이며, 붙잡기는 무언가와 연결되는 것이다. 당기기는 자신이 원하지만 외부에 있는 것을 자신에게 가져오는 것과 자신에게 존재하지만 원하지 않거나 두려운 것을 밖으로 꺼내는 것이다.

　아이들은 바닥이나 엄마의 몸에 자신을 내려놓아 자리를 잡고, 원하는 무언가를 얻기 위해 몸을 뻗고 잡아서 자신에게 가져오기 위한 힘을 기르기 위해 이 단계에서 많은 시간은 보낸다. 이 단계는 상－하체 패턴에서 발달되는 공간 이동성의 기초를 만들고, 이후 좀 더 복합적인 신체－좌우와 교차－측면 패턴으로 성장하기 위한 필수 조건이 된다.

2) 머리—꼬리 연결을 도와주는 활동

(1) 머리와 꼬리가 리드하는 동작

머리 위와 꼬리뼈를 손으로 톡톡 두드리며 "머리와 꼬리가 서로 연결되어 있다"라고 말해 준다. 터치와 촉감은 자극을 감지하는 반응을 뇌에 전달해 주어 중앙 신경계의 관계를 인식할 수 있게 도와준다. 여기에 언어를 더하면 새로운 학습이 더 빨리 일어난다.

(2) 눈으로 손가락 따라가기

한 사람(A)은 바닥에 눕고, 다른 사람(B)은 A의 얼굴 근처에 앉는다. B는 A의 얼굴에서 30센티미터 정도 떨어진 곳에서 시작해서 앞뒤, 좌우, 멀리, 가까이로 손가락 하나를 천천히 움직이고, A는 B의 손가락을 바라보며 따라 움직이는 것이다. A의 목에서 긴장감이 느껴진다면 턱으로 손가락 움직임을 따라갈 수도 있다. 머리로 놀이하듯이 해 보라. B는 손가락을 너무 빠르게 움직여 A가 따라가기 어렵게 하면 안 된다. 이 활동을 너무 오래(1분 이상) 하면 목 근육을 다칠 수 있다. 이 활동의 초점은 호기심을 따라 밖으로 나갔다가 자신에게 돌아오는 것이다.

이제 A와 B 모두 자리에서 일어난다. 누워서 했던 활동을 이제 일어나서 공간으로 이동하며 해 보는 것이다. A는 B의 손을 눈으로 따라가는데, 손에서 눈을 떼지 않는다.

이 활동이 조금 익숙해지면 각자 해 볼 수 있다. 각자 눈으로 손 바라보기 연습을 하고 나면, A는 관찰하고 B는 동작을 해 본다. 이때 관찰자는 동작하는 사람의 목과 머리가 움직이는지, 몸의 어느 부분이 움직이지 않는지 살펴보고 피드백을 해 준다.

(3) 의자에 앉아서 해 볼 수 있는 동작

—— 우선 발바닥이 바닥에 닿아 있는지 확인한다. 만일 발바닥이 바닥에서 떨어져 공중에 떠 있다면 의자의 앞쪽으로 몸을 옮겨 발이 바닥에 닿게 한다. 발을 바닥에 댄 채로 상체 중간 부

분을 의자 등받이에 대고 누르듯 힘을 주었다
가 몸의 힘을 빼면서 가슴을 앞으로 내밀어
본다. 이 동작을 서너 차례 반복해 본다.

—— 다른 방법은 옆구리를 한쪽(오른쪽)으로 밀어
주는데, 이때 반대쪽(왼쪽) 엉덩이가 살짝 들리
는 느낌이 들면 아주 좋다.

—— 마치 무언가를 찾는 것처럼 주변을 둘러보는
데, 코가 정면의 벽, 옆쪽, 천장, 바닥에 그림
을 그리듯이 천천히 움직여 준다. 동작이 빨라
지거나 너무 오래 하면 어지러울 수 있다.

3) 머리—꼬리 연결패턴으로
자신을 이해할 수 있는 질문

—— 살면서 내 척추가 무너졌던 순간이 있는가?
—— 척추가 무너지는 상황을 나는 어떻게 극복했
는가?

4. 상—하체 연결

　전신연결패턴의 다음 단계는 상—하체 연결이다.
머리—꼬리 연결에서 만들어진 몸의 지식과 기술이 확
장되어 팔다리를 사용하게 된다. 머리 쪽 말단에서 팔을
포함하고, 꼬리 쪽 말단은 다리를 포함하게 된다. 상체와
하체를 구분하여 사용할 수 있게 된 것이다.

　머리—꼬리 연결에서는 움직임이 3차원 공간으로

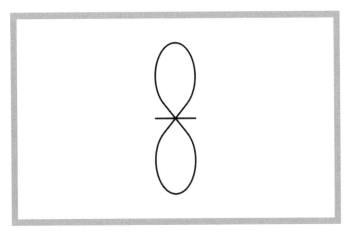

상—하체 연결 기호

확장되었다면, 상―하체 연결은 몸을 주변 공간으로 이동할 수 있게 해 준다. 공간의 이동은 자연의 야생 생활에서 먹을 것을 찾거나 번식을 하거나 새로운 서식지를 찾기 위해 꼭 필요한 생존 전략이다. 인간의 경우도 크게 다르지 않다. 우리가 움직임을 하는 기본적인 이유는 자신이 원하는 것이 있는 곳으로 가거나 원하지 않는 것에서 멀어지려는 욕구 때문이라 할 수 있다.

상―하체 연결에서는 상체의 말단인 양팔과 머리, 하체의 말단인 양발과 꼬리가 서로 다른 역할을 한다. 예를 들어 앞으로 걸어가면서(하체) 전화를 하거나 문자를 보낼 수 있다(상체). 이렇게 상체는 자유로운 움직임을 가능하게 하고, 하체는 바닥에 단단한 지지를 받는 안정감을 만들어 세상으로 나아갈 수 있게 한다.

이 시기의 아이들은 손을 옆으로 흔들며 "싫다"고 하거나 손을 뻗어 뭔가를 원한다는 표현을 한다. 마치 시위하듯 양팔을 벌려 엄마에게 안아달라고 요구하면서 팔을 어떻게 사용하는지 배우기 시작한다. 상―하체 연결패턴으로 세상에서 자신이 원하는 것을 끌어모을 수도 있고, 원치 않는 것을 밀어내기도 한다. 상대를 향해 양팔을 앞으로 내밀고 손바닥을 밀면서 경계를 설정하기도 한다.

상─하체 연결에서 가장 중요한 것은 상체와 하체를 구분해 보는 것이다. 집을 떠나보면 그 집이 나에게 어떤 곳인지 정말로 알 수 있듯이, 제대로 연결되기 위해서 분리가 필수적이라 할 수 있다. 상체는 팔을 뻗어 자신이 원하는 것을 몸(주로 입)으로 가져온다. 하체는 그라운딩하고, 몸을 활성화시키며, 몸을 공간으로 옮겨갈 수 있게 한다. 손과 발을 서로 마주 대거나 입에 가져오고, 머리를 돌려 주변을 바라보며 제자리에서 몸을 탐색하던 아이가 새로운 세상으로 나아가기 위해서는 몸의 중심을 이동해야 한다.

공간으로 몸을 이동시키려면 머리─꼬리 연결에서 살펴본 '내려놓기─밀어내기─뻗기─붙잡기─당기기'의 기본 신경세포 패턴이 정교하게 발달해야 한다.

제2장 바디(Body)

—— 내려놓기: 주변 공간으로 나아가려면 몸의 일부, 예를 들어 손바닥을 바닥에 대고 그라운딩(바닥과 연결된 느낌)을 한다.

—— 밀어내기: 이동을 위한 안정감을 만든 후에 손으로 바닥을 밀면서 몸이 뒤로 움직이게 한다. 반대의 경우도 가능하다. 발을 바닥에 대고 발로 바닥을 밀어 상체기 앞으로 나아가게 한다.

—— 뻗기: 머리는 자신이 원하는 것을 찾고, 그것을 얻기 위해 몸을 뻗는다.

—— 붙잡기: 갖고 싶은 것을 정확하고 민첩하게 잡는다.

—— 당기기: 잡은 것을 몸(주로 입)으로 가져오기 위해 당기거나 원치 않는 것을 몸 바깥으로 당긴다.

상—하체를 연결시키는 데 중요한 근육은 '장요

근'(Iliopsoas Muscle)이다. 대요근과 장골근을 합쳐 장요근이라 부르는데, 상체와 하체를 연결하는 아주 중요한 근육으로 척추 중간 부분에서 시작되어 골반을 지나 다리뼈까지 아주 길게 뻗어 있다. 장요근은 다리를 들어 올리거나 허리를 구부릴 때 사용되는데, 몸의 가장 중심 부분에 위치하는 이 근육으로 연결된 상체와 하체는 서로 영향을 주고받는다. 상체의 움직임이 변하면 하체에도 변화가 생겨난다. 예를 들어 목을 길게 늘이거나 가슴 부분을 부드럽게 하면 하체의 안정감이 커진다. 이 패턴은 자신이 원하는 것을 성취하고, 관계를 믿으며, 힘을 내고, 세상에 나가 표현하고 창조하고 만들어 내는 것을 도와주는 움직임이다.

상—하체 연결은 동물의 이미지에서 보면 개구리에 해당한다. 어디로 갈지 방향을 찾아 뻗는 팔, 바닥을 향해 아래로 밀어내는 다리가 만들어지는데, 상체의 말단 세 개(머리와 양팔)가 하나의 유닛처럼 움직이고, 하체의 말단 세 개(꼬리와 양다리)가 또 다른 유닛이 된다. 이제 팔다리가 생겼으니 공간을 이동할 수 있다. 걷기 전의 아이들은 이렇게 개구리처럼 기어다닌다. 자신이 원하는 것에 다가갈 수도 있고, 뒤로 멀어질 수도 있다.

상—하체 연결의 심리적인 측면은 '**목표 성취**'라고 한다. 목표 성취라는 말은 두 단어로 되어 있다. 목표가 있고, 그것을 성취한다는 뜻이다. 원하는 것을 가져오거나 원치 않는 것을 밀어내는 것. 방바닥에 엎드려 있던 아이가 멀리에 있는 리모컨을 보고 갖고 싶다면 어떻게 할까? 리모컨을 갖고 싶다는 것이 '목표'이고, 그걸 손에 넣는 것이 '성취'이다. 대부분 목표를 성취하려면 원하는 목표가 무엇인지 찾고, 그 목표를 달성하기 위한 추진을 해야 한다.

상체의 말단 두 개와 머리가 하나의 유닛이 되어 자신이 원하는 것을 찾고(목표), 하체의 말단 두 개와 꼬리는 그 목표를 향해 추진하게 한다. 예를 들어 귤 농장에 갔다고 하자. 상체인 눈으로 어떤 귤을 딸지 고른 다음 팔을 뻗는데, 이때 팔을 쭉 뻗을 수 있도록 하체(다리)로 바닥을 단단히 받쳐준다. 우리가 세상을 향해 움직임을 이유는 원하는 걸 가져오거나 원치 않는 걸 밀어내기 위함이다.

일상의 많은 행동에서 상—하체 연결을 관찰할 수 있다: 선반 위에 있는 책을 꺼내기, 의자 옮기기, 점프, 자전거 타기, 팔굽혀펴기, 턱걸이. 상—하체 연결이 잘 이루어지면 공간을 이동할 때 효율적이고 편안하게 몸을 사용할 수 있는데, 이 경우 하체로 바닥을 밀면서 상체로 자신이 원하는 것을 뻗고 잡아당기는 연속 동작이 자연스럽게 이루어지기 때문이다.

1) 상—하체 연결을 도와주는 활동

(1) 골반 들기

바닥에 등을 대고 누워서 무릎을 세워 발바닥이 바닥에 닿게 한다. 이때 특히 발바닥의 안쪽 부분이 바닥에 잘 닿는 느낌이 나는지 확인해 본다. 준비가 되면 양

발바닥으로 약간 바닥을 누르면서 골반을 천천히 들어 올린다. 골반이 바닥에서 살짝 떨어질 정도까지 올라가면 다시 바닥에 내려놓는다. 3~4회 정도 반복한 다음, 동작을 멈추고 숨을 길게 들이쉬고 내쉬면서 자세를 유지한다.

(2) 허벅지 들기

바닥에 등을 대고 누운 채로 무릎을 세워 발바닥이 바닥에 닿게 한다. 한쪽 발바닥을 바닥에 대고, 다른 쪽 무릎이 얼굴을 향해 다가오도록 허벅지를 들어 올렸다가 원래 있던 자리에 발을 내린다. 반대쪽 허벅지도 같은 방법으로 들어 올렸다가 내린다. 3~4회 반복해 본다.

(3) 발뒤꿈치 밀고 당기기

몸을 약간 뒤로 기울이고 양팔을 펴서 양 손바닥을 몸의 뒤쪽 바닥에 대어 몸을 지탱하고 발은 쭉 편 채로 따스한 햇살이 비치는 모래밭에 앉아 있다고 상상한다. 준비가 되면 양쪽 발뒤꿈치를 바닥에 댄 채로 마치 모래에 길을 내듯이 골반 쪽으로 당긴다. 발뒤꿈치가 골반 가까이 오면 잠시 멈췄다가 다시 뒤꿈치를 바닥으로 밀면서 다리를 쭉 편다. 3~4회 뒤꿈치를 골반 쪽으로 당겼다가 미는 동작을 반복한다. 뒤꿈치로 모래 위에 흔적이 남는 걸 상상해 보라.

2) 상─하체 연결패턴으로 자신을 이해할 수 있는 질문

—— 내가 원하는 목표 성취를 위해 필요한 것은 무엇인가?

—— 나는 내가 원하는 것이 무엇인지 잘 알고 있는가?

—— 원하는 목표를 이루기 위한 힘과 추진력은 충분한가?

5. 신체―좌우 연결

신체―좌우 연결에서는 몸의 왼쪽과 오른쪽을 구분하기 위해 머리에서 다리 끝까지 척추를 따라 몸을 반으로 나누게 된다. 상―하체 연결에서는 상체의 말단 세 개와 하체의 말단 세 개를 구분하여 안정적으로 공간에서 앞뒤로 움직일 수 있다면, 신체―좌우 연결에서는 좌우, 옆으로 움직일 수 있다.

우리 몸에는 중심선이 있다. 손가락으로 그 중심선을 따라간다. 이마 중간, 코끝, 입술 가운데, 목젖으로 내려가 가슴의 중앙선을 따라 배꼽을 지나 골반의 치골까지. 신체―좌우 연결에서는 말단을 포함하여 오른쪽 전체 또는 왼쪽 전체를 움직이는데, 한쪽 전체는 몸을 안정화시키고, 다른 쪽은 움직이는 것―이것이 신체―좌우 연결이다. 오른쪽은 이런 이야기를 하는데, 왼쪽은 전혀 다른 이야기를 한다.

신체―좌우 연결을 동물에 비유하자면 악어와 비

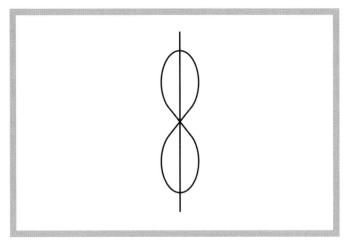

신체—좌우 연결 기호

슷하다. 악어는 몸통이 바닥에 붙어 있으며, 다리는 몸의 옆구리에 붙어 있다. 몸을 이동하려면 먼저 왼쪽 앞 다리를 앞으로 디디면서 왼쪽 옆구리가 길어지는데, 이때 오른쪽 옆구리는 짧아지면서 마치 오른쪽 앞 다리와 뒷다리가 모이는 것처럼 보인다. 몸의 기능적인 측면에서 몸 한쪽 전체가 움직임을 할 때 반대쪽 전체는 안정적인 자세를 만들어 그 움직임을 지지하는 것을 배운다. 예를 들어 아이가 걸음마를 시작할 때 의자나 소파 가장자리를 붙잡고 걷는 것처럼, 좌우 양쪽이 각기 다른 움직임을 하거나 몸의 왼쪽이 움직일 때 오른쪽은 바닥에 단단히 뿌리를 내려 안정성을 만들어 왼쪽이 자유롭게 도와준다. 이렇게 몸의 좌우를 각각 구분하여 움직일 수 있는 기능이 발달되면 뇌의 발달에 중요한 역할을 한다.

신체―좌우 연결에서 심리적 키워드는 '안정성과 이동성', '선택과 균형'이다. 우리 몸은 한쪽이 안정적인 느낌을 만들어야 다른 쪽이 자유롭게 움직일 수 있다. 바닥에 닿은 한쪽 다리가 안정적인 느낌을 주지 못하고 막 흔들린다면 반대쪽 다리로 마음껏 움직일 수가 없다. 이것을 단단한 안정성과 자유로운 이동성이라 부른다. 선택이라는 말은 몸에서는 왼쪽인지, 오른쪽인지, 관계에서는 이 사람인지, 저 사람인지 고르는 것이다. 선택을 하기 위한 안정성과 이동성이 잘 이루어지려면 균형이 있어야 한다. 한쪽 다리가 충분히 잘 받쳐줘야 다른 쪽 다리가 그만큼 움직일 수 있다. 다리가 잘 움직일 수 있도록 충분히 단단하게 잡아주는 것을 균형이라 한다.

　　그래서 많이 움직이려면 충분히 쉬어야 한다. 지금 이 움직일 때인지, 쉴 때인지 구분하는 것을 균형이라 한다. 이 단계에서는 모든 것을 양극단으로 나누어 보게 되므로 세상을 분명하고 단순한 방식으로 명확하게 인식할 수 있다. 오른쪽/왼쪽, 밝고/어두움, 안정/움직임, 아는 것/모르는 것―양극 혹은 둘 사이를 구분하려고 애쓰는 것이 이 단계에서 일어나는 중요한 경험이다.

　　일상에서 볼 수 있는 신체―좌우 연결은 바닥에 누워 있다가 몸을 일으켜 앉거나 무릎을 꿇고 있다가 일어나는 동작이다. 스포츠에서 신체―좌우 연결이 많이 사용되는데, 배드민턴이나 테니스처럼 라켓을 들고 운동을 하는 사람들은 강한 스윙을 위해 몸의 다른 쪽을 안정화시킨다. 스노우보드를 타는 사람들도 한쪽으로 몸의 안정성을 만들어 몸의 반대쪽을 움직여 간다. 무용실에서 바를 잡고 연습하는 무용수들도 신체―좌우 연결을 사용한다. 한쪽 손으로 바를 잡고 같은 쪽 발은 바닥에 단단히 고정시켜서 반대쪽 몸이 잘 움직여지도록 안정적인 기초를 만드는 것이다.

1) 신체—좌우 연결을 도와주는 활동

(1) 등 대고 좌우 측면 움직이기

등을 대고 바닥에 누워 등 전체로 땅을 느껴본다. 머리를 왼쪽으로 돌려 왼쪽 팔을 바라보고 왼쪽 다리는 아래로 반듯하고 길게 뻗는다. 몸의 왼쪽 옆면 전체가 길어지면서 몸통이 약간 옆으로 불룩해질 것이다. 이때 몸의 오른쪽 옆면은 수축하여 오므려지고, 오른쪽 팔꿈치와 오른쪽 무릎을 굽혀 서로 가까워지게 한다. 이렇게 왼쪽과 오른쪽을 번갈아가며 몸의 한쪽은 굽히고 반대쪽을 펴는 동작을 한다.

이 동작을 할 때 머리와 꼬리를 포함한 몸통이 산들바람에 옆으로 흔들거리는 갈대라고 상상해 보면 도움이 된다. 이 신체 좌우 동작을 약 30회 정도 반복하면 아이가 요람에서 느끼는 편안함을 느낄 수 있을 것이다.

(2) 엎드려 좌우 측면 움직이기

엎드려서 양팔을 머리 위로 올리고 다리는 아래로 길게, 마치 두 개의 젓가락을 바닥에 놓은 것 같은 형태가 되게 한다.

준비가 되면 머리를 한쪽으로 돌린다. 만일 얼굴이 오른쪽을 향해 있다면, 오른쪽 팔꿈치와 오른쪽 무릎을 구부려 서로 가까워지게 하는데, 이때 엄지손가락이 입 근처에 있게 한다.

이제 얼굴을 왼쪽으로 돌리고 왼쪽 팔꿈치와 왼쪽 무릎을 굽혀 서로 가까워지게 하고 왼쪽 엄지손가락을 입 근처로 옮긴다. 오른쪽 팔과 다리는 처음 자세처럼 위아래로 길게 편다.

2) 신체—좌우 연결패턴으로
자신을 이해할 수 있는 질문

—— 밖을 향해 열리는 동작이 자연스러운가? 아니면 몸 중심을 향해 닫히는 동작이 좀 더 자연스럽고 편안한가?

—— 혹시 떠오르는 이미지가 있는가?

—— 이 움직임이 내 삶에서 어떻게 표현되는가?

—— 내 삶에서 균형이 필요한 부분은 어디인가? 그 목록을 적어보라. 예를 들어 "전문가로 성장하고 싶지만, 가족을 돌보는 것도 중요하다", "혼자 있음과 함께 하고 싶은 마음", "하고 싶지만 그렇게 하면 안 될 것 같다" 등.

3) 자신을 이해하기 위한 움직임 탐색

위에 적은 양극의 목록 중에서 지금 이 순간 가장

중요하다고 생각하는 것을 하나 선택한다. 선택하는 것이 어려울 수 있는데, 그것이 바로 신체—좌우 연결을 통해 배울 수 있는 부분이다. 둘 중에서 하나를 골라 그 단어나 문장을 소리를 내지 않고 마음속으로 여러 번 읽어본다. 눈을 감고 마음속으로 그 말을 하면서 몸에서 어떤 움직임이 일어나는지 살펴본다. 팔이 살짝 올라갔다 내려오는 아주 작은 움직임일 수도 있고, 아주 분명한 동작이 만들어질 수도 있다. 이제 몸의 오른쪽 전체나 왼쪽 전체를 사용해서 한쪽으로 그 동작을 1~2분 정도 반복한다. 천천히 동작을 멈추고 반대쪽 부분으로도 같은 동작을 반복해 본다. 동작이 끝나면 잠시 눈을 감고 마음속에 어떤 생각이나 감정, 기억이 떠오르는지 살펴본다.

또 다른 방법으로는 척추를 따라 몸을 반으로 나눈 상태에서 한쪽 부분만 움직여 본다. 마치 놀이를 하듯이 몸의 좌우를 각각 움직여 보면서 마음속에 어떤 생각이나 감정, 기억이 떠오르는지 호기심을 갖고 주의를 기울여 본다.

6. 교차―측면 연결

전신연결의 마지막 단계인 교차―측면 연결은 인간의 움직임 발달단계의 가장 복잡한 패턴이다. 교차― 측면은 몸을 4등분으로 나눠 한쪽 상체가 중심을 지나 반대쪽 하체로 연결되는 것처럼 대각선으로 교차하는 움직임을 할 수 있게 해 준다.

아이가 무릎과 팔로 바닥을 기어가면서 처음에는 몸의 한쪽을 번갈아 사용하는데, 어느 순간 눈앞에 있는 무언가를 보고 팔을 뻗을 때 몸에서 교차가 일어난다. 아이의 엄지손가락과 새끼손가락이 만나면서 손과 팔에 회전이 일어난다. 그 회전이 3차원적 세상을 만나게 한다. 교차―측면에서 회전이 살아나고, 어느 순간이 되면 걷기 시작한다.

교차―측면 연결의 가장 기본적인 동작은 걷기이다. 우리가 가끔 긴장하면 같은 쪽 팔과 다리가 함께 움직이기는 하지만, 대개의 경우 오른발이 앞으로 나아갈

교차―측면 연결 기호

때 왼발이 따라 나가며 대각선으로 교차되는 모양을 만든다. 또 다른 사례는 바닥에 놓은 물건을 가져오기 위해 무릎으로 기어가는 동작이다. 물건을 향해 오른팔을 뻗으면 자연스럽게 왼발이 앞으로 나오게 된다. 교차―측면 연결은 몸을 대각선으로 나누고 관절과 몸 전체의 회전을 통해 인간의 몸을 3차원적으로 움직일 수 있게 해준다.

고등 포유류는 엄지손가락이 나머지 네 개 특히 새끼손가락에 닿을 수 있는데, 이 움직임으로 손에 볼륨감이 생기고, 복잡한 물체를 만지고 이리저리 돌리며 조정할 수 있게 된다. 손과 발이 복잡한 구조를 갖게 되면서, 어깨와 다리의 주요 관절이 회전하게 된다. 오랑우탄이 나무를 탈 때 교차—측면을 사용한다. 포유류는 신체—좌우와 교차—측면 연결을 번갈아 사용한다.

교차—측면 연결의 심리적인 측면은 '유연성'과 '적응력'이다. 어깨와 다리의 주요 관절을 돌리면 내 몸이 함께 회전하면서 사방을 볼 수 있게 해 준다. 다양한 각도에서 세상을 볼 수 있게 된다면 좀 더 유연한 사고를 할 수 있고, 적응력이 높아질 것이다. 유연성이 없는 사람들은 늘 하던 행동을 반복한다.

태아기를 거쳐 세상에 나와 바닥에서 기어다니다 마침내 일어나서 걷게 되었다. 많은 사람에게 크게 어렵지 않은 걷기 동작은 실제로는 아주 긴 발달과정을 거쳐 온 결과이다. 일어나 걷기까지 중심과 말단을 구분하고,

척추를 발달시켰으며, 상체와 하체가 어떤 역할을 하고, 신체—좌우가 어떻게 다른지 그 차이를 배웠다.

1) 교차—측면 연결을 도와주는 활동

(1) 대각선으로 무릎 뻗기(Diagonal Knee Reach)

'무릎을 툭 떨어트리기'라고도 불리는 이 동작은 몸을 자연스럽게 회전시켜 주는데, 등을 바닥에 대고 누워서 시작한다. 무릎을 세워 발바닥이 바닥에 닿게 한 다음, 양 무릎을 오른쪽으로 툭 떨어트리듯 내려놓는다. 고개는 왼쪽을 바라보는데, 왼쪽 허리와 허벅지 부분이 당기는 느낌이 오게 된다. 잠시 후 무릎을 허벅지와 세우고 반대 방향으로 동작을 해 본다.

(2) 팔 돌리기(Arm Circle)

팔 돌리기 동작은 하체의 지지를 받으며 한쪽 팔을 돌리는데, 이때 상체도 함께 회전하게 된다. 팔을 부드럽고 크게 돌리게 되면 상체 움직임이 확장되고, 어깨와

목, 등의 긴장을 이완시켜 준다.

등을 대고 바닥에 누워서 양팔을 옆으로 90도쯤 벌린 자세로 시작하는데, 다리를 쭉 펼 수도 있고 무릎을 세워 발바닥이 바닥에 닿는 스탠딩 포지션을 취할 수도 있다. 준비가 되면 한쪽 팔꿈치와 손목을 부드럽고 유연하지만 가능한 길게 펴서 바닥에 댄다. 팔을 바닥에 댄 채로, 머리 위로 올리고 몸의 반대쪽으로 넘어 아래로 내려가서 골반을 지나 처음 시작한 곳으로 돌아간다. 시선이 손의 움직임을 따라 가면서 몸통이 팔의 움직임을 따라 함께 움직이도록 한다.

2) 심리치료와 상담에서 전신연결패턴 적용하기

첫 번째 연결패턴 '호흡'은 심신의 평화와 안정, 본래의 자신과 연결 그리고 자기보다 더 큰 존재와 연결되기 위한 영성과 명상 분야에서 주로 사용된다. 심리치료와 상담 영역에서 호흡은 어떻게 활용할 수 있을까?

호흡은 발달적으로 아주 초기의 패턴이다. 어떤 사람에게는 이 패턴으로 움직이는 것이 즐거움을 줄 수도 있지만, 만일 태어날 때 어려움을 겪었다면 이 패턴을 즐기기 어려울 수 있다. 몸과 분리된 사람들은 감정을 잘 느끼지 못하며, 그 상태는 호흡에 나타난다. 몸과 감각을 잘 인식하는 못하는 사람은 호흡으로 시작하는 게 자연스러울 것이다.

　　호흡은 자신의 몸으로 돌아오게 해 주는 아주 좋은 방법이지만, 트라우마가 있는지 확인할 수 있는 바로미터가 된다. 호흡 패턴으로 트라우마와 접촉하도록 안내할 수도 있는데, 이 경우 호흡을 느리게 하거나 말단부터 움직이게 할 수도 있다. 그 이유는 몸의 움직임에는 어디를 움직이느냐에 따라 제스처와 포스처가 있다고 했다. 만일 코어를 움직이는 포스처를 하게 되면 갑자기 감정을 접촉할 위험이 있다. 만일 트라우마가 심한 경우는 움직임을 사용하려면 제스처로 시작해야 한다. 손이나 발로 장난을 치거나 손목을 돌리거나 흔들고 입술을 살짝 모아서 '푸~' 하고 소리를 내는 것처럼 호흡하도록 도와주는 모든 것이 도움이 된다. 대부분 트라우마는 호흡으로 나타난다.

호흡이 우리를 생존하도록 돕기 위해 애쓰는 사례가 바로 과호흡이다. 호흡이 내면의 삶을 표현하기 때문에, 다른 누군가의 호흡을 보며 그 사람의 기분이나 생각을 가늠할 수 있다. 어떤 사람이 하는 말을 들을 때 그들의 호흡과 목소리 그리고 몸이 일치되어 있다면, 그 사람이 그라운딩되고, 안정되고, 집중되어 있다는 것을 느낄 수 있다. 우리는 이런 사람은 믿을 만하다고 여긴다.

트라우마 내담자에게는 그라운딩이 커다란 자원이 된다. 그라운딩을 위해서는 발뒤꿈치부터 좌골까지의 연결을 느낄 수 있어야 한다. 만일 자신의 내면의 힘을 느껴보기 위해 서서 벽을 미는 동작을 한다면, 골반, 무릎, 발목, 발바닥이 대지인 바닥과 연결되게 해야 한다. 좌골에서 발꿈치까지의 연결이 중요한데, 이 연결감이 나를 대지와 연결시켜 준다. 어떤 내담자는 상담에 와서 바닥에 발을 잘 내려놓지 못할 수도 있다. 아이들이 때로 이런 까치발 걸음을 하는 경우가 있는데, 이 경우 바닥과 연결감이 끊어지는 것이다. 발뒤꿈치를 바닥에 잘 대지 못하는 사람들은 상—하체 연결을 위한 활동 '대퇴부 구부리기'가 도움이 된다.

또 다른 동작으로는 앉아서 무릎을 굽히고 양쪽 허벅지를 들어 올렸다가 바닥에 내려놓으며 '하' 소리와 함께 숨을 내쉬는 것이다. 바닥에 발을 디딜 때 발가락 끝으로 하면 안 된다. 이 동작을 여러 번 반복하면 분노의 감정이 접촉될 수 있다. 분노나 공격성을 표현하기 어려운 사람들은 심리치료라는 안전한 공간에서 그런 감정을 표현할 수 있을 것이다. 이러한 신체 연결을 느끼며 재미있는 활동을 하게 되면, 사람들이 의식하지 않고 자연스럽게 자신의 감정을 표현하게 도와줄 수 있다.

움직임은 내면에서 일어나는 일을 외부로 표현할 수 있게 도와주기 때문에, 감정을 표현할 수 있도록 신경 연결 능력을 다시 만들어 준다. 분노라는 감정에 접근할 때, 그 감정을 충분히 다룰 수 있도록 움직임을 통해 뇌신경회로를 만들어 신체적인 자원을 마련하는 것이다. 분노를 표현하지 못하는 마음 아래에는 기저에는 어쩌면 자신이 사랑받지 못할 것이라는 생각이나 혹은 자신이 감정을 표현하면 거부당할지 모른다는 생각이 있을 수 있다.

이런 상황에서 몸에서 자신의 두발로 단단히 설 수 있다는 느낌을 가질 수 없다면, 두려움 때문에 이런 부정적인 감정에 가까이 갈 수 없을 것이다. 내담자들에게 몸 작업을 통해서 뇌신경회로의 연결을 만들게 된다면, 두발로 단단히 설 수 있으며 내 힘으로 할 수 있다는 느낌을 줄 수 있다.

지금 내 몸은 감정을 담아내고 있는가? 그것을 담아낼 수 있는가? 안전한가? 이러한 감정을 다룰 수 있을까? 소매틱 접근으로 몸의 신경학적 연결을 만들고 나서 감정에 접근하는 것이다.

인간의 움직임 발달의 기본적인 신경학적 패턴을

따르는 여섯 가지 전신연결패턴은 움직임을 할 때 자신의 몸 안에서 일어나는 몸 각 부분의 관계를 알아차리고 특정 동작에 대한 경험과 이해를 높일 수 있게 해 준다. 성인 움직임에 적용될 때 PTBC는 몸이 편안하고 효율적인 기능을 하도록 도와준다.

전신연결패턴 6단계

발달 단계	기호	동물 이미지	심리적 특성
호흡		아메바	신뢰감
중심-말단		불가사리	안정감
머리-꼬리		물고기	자신감
상-하체		개구리	목표 성취
신체-좌우		악어	안정성 이동성
교차-측면		고등 포유류	적응력 유연성

제2장 바디(Body)

Ⅲ. 몸의 연결을 도와주는 터치

몸의 연결을 도와주는 터치는 미국 IMS(Integrated Movement Studies)와 춤동작치료에서 주로 사용하는 세 가지를 소개한다.

1. 두드리는 터치

두드리는 터치 손바닥을 마치 달걀을 쥔 것처럼 둥글게 만들어 몸을 두드린다. 두드림의 강도를 바꿔 강하거나 부드럽게 해 본다. 두드리기는 감각을 활성화시키고 몸을 워밍업시켜 몸을 유연하게 움직이도록 도와준다.

2. 슬라이딩 터치
(쓰다듬기)

손바닥으로 몸의 표면을 슬라이딩하듯이 쓰다듬거나 몸의 한 곳에서 다른 곳까지 연결시킨다. 쓰다듬는 터치도 강도를 바꿔 해 볼 수 있다.

3. 머무르는 터치

자신의 몸과 파트너의 몸이 연결된 채로 현존하게 된다. 터치를 한 채로 머무른다는 것은 터치를 하는 사람에게 자신이 터치한 손아래가 어떤지 주의를 기울여 보는 것이다. 일부러 무언가를 하려고 노력하지 않으며, 터치를 받는 사람도 그저 지금 그 상태로 가만히 있어도 좋다고 말하는 것과 같다. 이렇게 자기 몸을 터치해 보라. 터치를 하면서 상대에게 "무엇이 느껴지나요?" 혹은 "좀 더 세거나 약하게 할까요?"라고 말하며 그 사람의 느낌이 어떤지 체크할 수 있다.

소매틱 심리치료에서는 터치를 사용하는데, 이때 신체 접촉은 친밀감을 느끼며 좀 더 가까워지고, 내면 깊은 마음을 작업할 수 있는 방법이다. 주의를 내부로 돌려 호흡의 흐름에 집중하면 상체에서 어떤 움직임과 편안함을 찾을 수 있을 것이다. 제한되고 억제된 움직임으로 인해 긴장이 두통과 피로를 일으킬 때, 근육을 강화시키기 위해 의식적으로 호흡의 흐름을 깊게 만들고 상체에서 할 수 있는 새로운 움직임을 찾는 것이 도움이 될 수 있다.

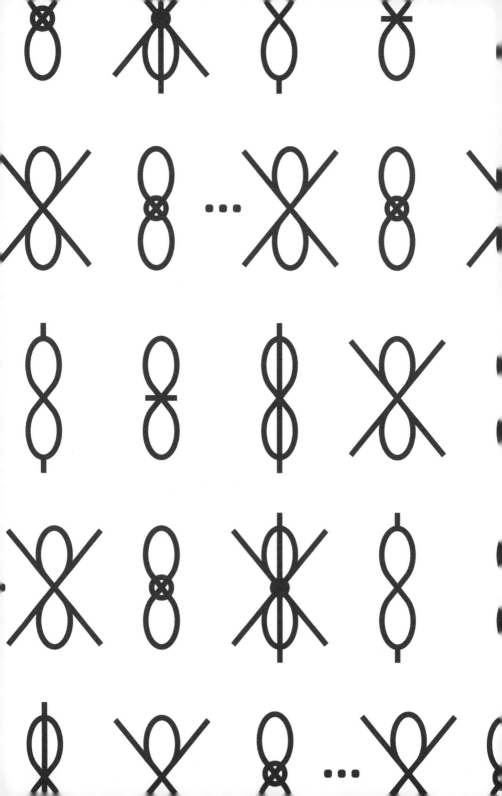

제 3 장

에포트
(Effort)

　　에포트는 'Antrieb'(자극, 충동)라는 뜻의 독일어를
영어로 번역한 용어이며, 루돌프 폰 라반은 '유키네틱
스'(Eukinetics)라고 불렀다. 에포트는 움직임의 역동, 분
위기, 에너지, 느낌을 말하는 것으로 '우리 내부의 감정/
생각/욕구를 외부로 표현하고 싶은 욕구'이며, 아주 활
동적이고 건강한 자아를 말한다. 또한 생생한 기 혹은 에
너지를 타고 온몸으로 흐르는 움직임을 의미하기도 한
다. 영어에서 표현(Expression)이라는 말은 밖으로(Ex) 밀

어낸다(Press)는 뜻이다. 우리가 세상에 내어놓고 싶은 것이 바로 표현이다. 말을 하지 못하는 아이들은 기분에 따라 옹알거리는 소리를 내는데, 이것이 바로 에포트이다. 옹알거리는 소리를 들으면 아이가 어떤 기분인지 알 수 있다. 만일 에포트가 드러나지 않는다면 몸의 태도가 아주 소극적으로 변한다.

라반은 에포트에 네 가지 요소가 있고, 각 요소는 음, 양처럼 양극단이 있다고 말한다.

1. 흐름(Flow): 프리(free) 또는 바운드(bound)
2. 무게(Weight): 라이트(light) 또는 스트롱(strong)
3. 시간(Time): 서스테인(sustained) 또는 퀵(quick)
4. 초점(Focus): 인다이렉트(indirect) 또는 다이렉트(direct)

예를 들어 무언가를 세게 누를 때, 계속 힘을 주어 누르기만 한다면 어느 순간 멈춰야 할 것이다. 계속 강하게 누르거나 밀기 위해서는 반대로 힘을 빼야 한다. 이것

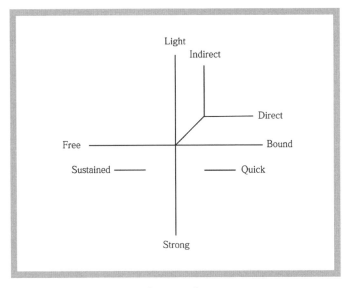

에포트 그래프

이 움직임의 원리이다. 라반의 초기 교육자들은 이러한 움직임의 원리를 강조했는데, 특히 워런 램은 움직임을 다양성이라 표현했다.

에포트를 이용하여 몸을 움직이기 시작하면 강력하고 건강한 자아의 움직임이 살아나는데, 그것 자체로도 치유 과정이 된다. 커다란 슬픔이나 트라우마를 경험한 건강한 사람에게 에포트를 이용해 움직임을 경험시킨다면, 자기 내면에 역동적인 힘을 발견하게 된다. 왜냐하면 에포트를 통해 내가 다시 살아있다는 것이 느껴지기 때문이다. 하지만 심각한 정신과 환자들은 에포트를 사용하는 것이 쉽지 않다. 에포트를 몸으로 경험해 보면, 아주 역동적이고 표현적이라는 것을 몸으로 느낄 수 있다.

에포트의 기호를 배우면 좋은데, 그 이유는 동작 대신 이 기호를 사용할 수 있기 때문이다. 에포트를 표시하려면 사선으로 빗금을 그리는데, 이 선을 액션 스트로크라 부른다. 에포트를 표시할 때는 언제나 스트로크(stroke)를 먼저 그리게 된다. 아래 그림은 에포트 전체를 나타내는 그래프이다.

1. 플로우
(Flow)

에포트 스트로크 아래에 맨 먼저 좌우로 선을 그려 표시하는 그리는 것이 플로우이다. 플로우는 근육에서 이루어진다. 근육을 완전히 통제하면서 움직임을 멈출 수도 있고, 근육의 힘을 빼고 몸이 마음대로 움직이게 할 수도 있다. 근육을 통제하면 몸을 정확하고 섬세하게

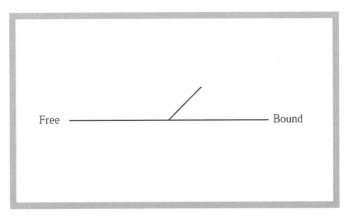

플로우 기호

움직일 수 있는데, 이것을 바운드 플로우(bound flow)라 부른다. 통제하는 것과 반대가 되는 플로우가 프리(free)이다.

플로우는 마치 물과 같다. 물은 자유롭게 혹은 거칠게 요동치기도 하고, 겨울이 되면 얼음이 된다. 완전히 얼면 플로우가 멈춘다. 프리(free)는 내면에서 밖으로 흘러나오는 에너지이며 느긋하고 확장되는 느낌으로, 마치 거칠게 요동치는 물이라 할 수 있으며, 바운드(bound)는 에너지를 내면에서 억제하고 통제하며, 담고 있는 얼음이라 표현할 수 있다.

근육은 기본적으로 수축과 이완을 한다. 바운드 플로우로 근육을 수축하면서 감정을 통제할 수 있다. 물론 그러다 어느 순간 근육의 통제를 풀고 그 느낌을 움직임으로 표현할 수도 있다. 바운드는 근육을 통제하는 것이다. 프리 플로우에서는 감정이나 움직임이 밖으로 자유롭게 표현되지만, 바운드 플로우에서는 움직임을 안에 담아두고 통제하는 것이다.

감정을 통제하는 것은 때로 도움이 된다. 어느 날 수업을 진행하고 있는데 슬픔이 느껴졌다. 그때 그 슬픔을 참기 위해 나의 플로우를 바운드했다. 만일 그 순간 슬픔이 흘러나오게 한다면 수업을 계속할 수 없으니 그 감정을 잠시 눌러두기 위해 근육을 바운드했다. 수업이 끝나고 집에 돌아와 나만의 공간에서 한참을 울며 그 감정이 흘러가게 했다.

아이들에게 자신의 감정을 통제하도록 가르치는 것은 사회적으로 아주 필요한 일이다. 그래야 상황에 맞춰 적절한 행동을 할 수 있으며, 다른 사람들의 이야기를 듣고 친절하게 대해줄 수 있게 된다. 그런데 우리가 자신의 감정을 내면에 담아두고 억누르기만 한다면 감정이 자유롭게 흐를 수 없다. 누군가와 사랑을 하면 그 느낌이 밖으로 나갔다가 내 안으로 들어오고, 다시 나갔다가 들어온다. 내 몸과 근육이 계속 긴장되어 있다면 어떻게 사랑이 들어오고 나가게 할 수 있을까?

바운드 플로우가 나쁜 것이 아니다. 무용수에게 근

육을 통제하는 훈련은 정확하면서도 섬세하고 아름다운 동작을 할 수 있게 해 준다. 몸을 움직이다가 멈추거나 균형을 잡을 수 있다면 바운드 플로우를 할 수 있는 것이다.

프리와 바운드 플로우는 연속선상에 있는데, 어떤 사람은 바운드 플로우만 사용하고 또 어떤 사람은 바운드 플로우에 너무 가 있는 경우가 있다. 프리만 있다면 미친 듯이 여기저기를 돌아다닐 것이다. 건강한 바운더리를 세우려면 바운드가 필요하다. 라반은 플로우가 느낌이라고 했으며, 자신의 감정을 통제하고 풀어놓는 것이라고 했다. 느낌과 연결된 플로우는 다른 사람을 공감하기 위한 기본 조건이 된다. 그러므로 프리한 움직임을 하면 감정 표현이 자유로워진다. 만일 감정을 분출하거나 내놓는 데 조심해야 할 내담자가 있다면, 프리와 바운드를 아주 서서히 적용하고 사용하는 게 좋다. 예를 들어 바운드에서 프리 플로우로 점진적인 변화를 주는 것이 좋다. 에포트를 연습할 때 연상되는 단어와 소리를 내는 것이 도움이 된다.

무게 요소는 몸의 중심이 중력과 관계를 맺는 방법을 말한다. 기호는 스트로크의 위/아래로 선을 그린다. 무게는 내면의 힘으로 환경에 영향을 미치는 걸 말하는데, 라이트는 아주 섬세하고 부드럽게 주변과 관계를 맺는 것이고, 스트롱은 주변 환경에 영향을 주는 것이다.

라반은 무언가를 포기하는 마음으로 어깨를 늘어뜨리거나 고개를 숙이는 것은 수동적인 무게라고 했다. 어른이 되려고 애쓰는 많은 청소년의 몸은 축 처져 있는데, 마음은 어른이지만 아직 일을 할 수도 없고 돈을 벌거나 독립도 불가능한 것이 그 이유일 수 있다. 수동적인 무게를 경험하면 스트롱과는 다르게 무겁다고 표현한다. 무

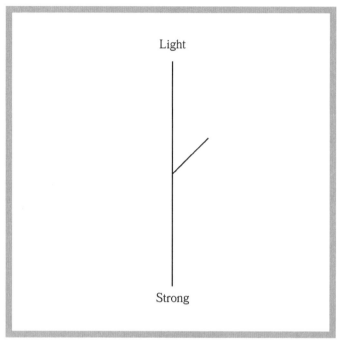

무게 기호

거운 느낌은 외부에 영향을 주지 못한다. 에포트의 힘과 에너지가 충분히 표현되려면 몸의 지지를 받아야 한다.

3. 시간
(Time)

시간 요소는 자신의 본능과 충동을 언제 드러낼지에 관한 것이다. 내면에서 느껴지는 시간 감각이 외부로 드러나는 표현인데, 시간을 길게 늘여 지속하는 움직임은 서스테인, 지금 이 순간에 갑자기 움직이는 것을 퀵이라 부른다.

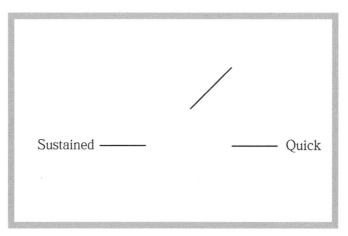

Sustained —————— —————— Quick

시간 기호

4. 공간(Spcae)
혹은 초점(Focus)

공간 혹은 초점 요소는 우리가 주변 환경을 인식하고 주의를 기울이는 방법을 말하는 것으로, 주변 모든 것을 바라보며 그 느낌을 내면으로 받아들이는 인다이렉트(indirect), 레이저처럼 한 지점을 향하는 다이렉트(direct)가 있다.

책에서 잠시 눈을 떼고, 지금 있는 장소를 여기저기 둘러보다가 혹시 오늘 처음 보는 것이 있는지 찾아본다. 하나를 발견했다면 그 앞으로 가서 좀 더 자세히 바라본다. 그리고 다시 공간 전체를 바라보면서 또 다른 새로운 것을 찾은 그곳으로 곧장 가서 살펴본다. 자신의 시선으로 공간 주변을 넓게 바라보다가 무언가 관심이 있는 것 하나를 찾으면 마치 레이저 빔처럼 그곳으로 다가간다. 이것을 반복해 보라.

전체를 하나의 공간으로 크게 열고 바라보다가(인다

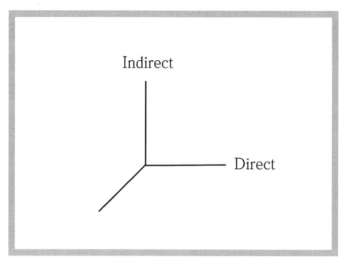

공간(초점) 기호

이렉트), 무언가를 발견하면 옆에 있는 사람이나 가는 길에 무엇이 있어도 신경 쓰지 않고 그것을 향해 곧장 가는 것(다이렉트)이다. 공간을 자기 시선(초점)으로 적극적으로 살펴본다. 내 관심을 끄는 것은 무엇인가? 지금 이 공간에 사각형 모양이 얼마나 많은가? 나의 주위를 밖으로 보내서 주변 공간을 살펴본다. 이제 초점을 빠르게 계속 바꿔본다. 이거저거, 여기저기, 잠시 멈춘다. 지금 여러분의 초점은 어떤가? 방 전체를 둘러보고 있나? 아니면 어느 한 곳을 보고 있나?

때로 시선은 그곳을 향하고 있지만, 주의를 기울이지 않는 경우가 있다. 아마 직장인들은 오후 5시쯤, 퇴근이 가까워지면 초점이 그런 상태가 될 것이다. 에너지가 다 떨어져서 무언가를 생각하고 싶지 않거나 더 이상 생각할 수 없는 상태, 그때 사람들은 멍하니 핸드폰이나 유튜브를 본다.

무언가에 시선을 보내는 것(초점)은 어떤 느낌일까? 아마도 그것 혹은 그 사람에게 주의를 기울여 관심을 갖고 살펴보며 집중하고 돌보는 것이라 할 수 있다. 물론 여기에는 흥미와 호기심도 한몫한다.

1) 에포트와 심리

UCLA의 정신의학과 임상교수이며 뇌신경생물학

자인 댄 시겔(Dan Siegel)은 "느낌과 지성의 중간에는 연결점이 있으며, 의식은 느끼는 몸에서 만들어진다"라고 말했다. 에포트를 우리 마음과 연결을 시키면 어떻게 될까?

에포트는 칼 융(Carl G. Jung)이 말한 인간의 의식에 관한 기능과 관련이 있다. 라반은 에포트를 내면의 충동을 외부로 밀어내는 것이라고 설명하면서 플로우 요소를 감정과 연결시켰다. 무게 요소는 감각, 촉각과 관련이 있으며, 의도와 관련이 있다고 했는데, 의도를 갖는 것은 내적인 힘이 변화하면서 외부에 나를 주장하고 드러내는 것이다.

시간 요소는 페이스 조절하는 것(감속, 가속), 선택과 행동할 준비가 된 상태이며, 지각과 직관에 연결된다.

초점 요소는 우리가 주변에 주의를 기울이는 방식에 대한 것이며, 초점을 하나에 두거나 광범위하게 바라보는 것이다. 라반은 이것을 '사고'와 연결시켰다. 사고는 시각적인 지각 작용이라 할 수 있다. 여러분은 혹시 미술관에 가서 전시된 그림을 보다가 갑자기 피곤해진 경우가 있는가? 그건 많은 작품에 너무 많은 주의를 기울였기 때문이라 할 수 있다. 무언가를 보고 그것을 내면으로 가져오려면 많은 에너지가 사용된다. 이렇게 네 개의 에포트 요소인 플로우, 무게, 시간, 초점은 각각 감정, 감각, 직관, 사고와 연결되어 있다.

에포트 요소	심리 상태	융이 말한 기능
플로우(Flow)	정확성	감정(Feeling)
무게(Weight)	의도	감각(Sensing)
시간(Time)	결정, 선택	직관(Intuiting)
공간/초점(Space/Focus)	주의, 관심	사고(Thinking)

정신 병리가 심할수록 에포트는 왜곡된다. 에포트를 제대로 사용한다면 자아 기능이 건강하다는 것이다. 망상 증세가 있는 경우는 공간과의 연결이 되어 있지 않기 때문에, 사람들과 시선을 맞추거나 주의를 기울이거

나 대화를 시작하기 어렵다. 많은 정신과에서 처방하는 약은 몸과 움직임에서 에포트를 제거시킨다.

이런 에포트가 나에게 어떤 느낌을 주는지 찾아보라. 에포트는 우리 일상생활에서 많이 나타난다. 운전 중 교차로에서 좌회전하려면 주변을 넓고(인다이렉트), 빠르게(퀵) 살펴볼 것이다. 음료수병을 따려면 병따개를 강하고(스트롱) 직선의 움직임(다이렉트)으로 병에 대고 눌러야 한다. 에포트는 동작자의 내적 상태를 묘사할 수 있는 방법이 풍부하다. 성격이 급한 운전자는 빠르게(퀵) 핸들을 돌리면서 교차로에 진입하고, 잠이 덜 깬 요리사는 몸을 흐느적거리며(프리) 채소를 냄비에 대충 던져 넣는다.

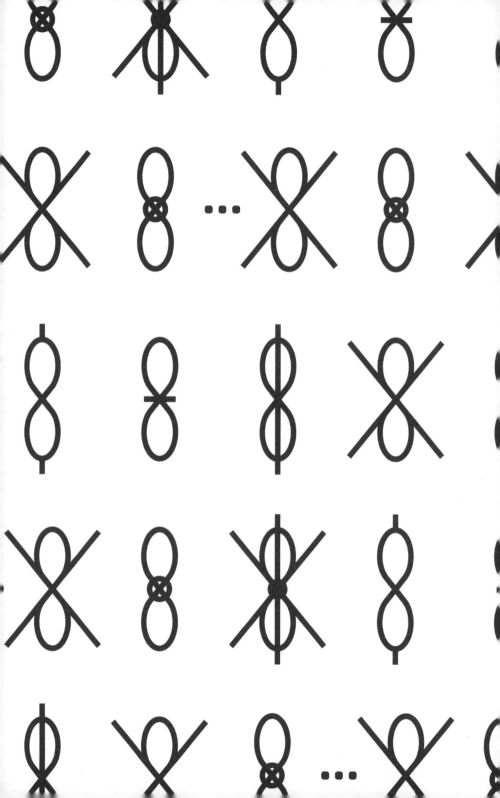

제 4 장

스페이스
(Space)

귤을 어디에 심느냐에 따라 탱자가 된다는 말이 있다. 사람도 환경의 지배를 받는다고 할 수 있는데, 어느 공간에 있는지에 따라서 자세나 움직임이 변화되기 때문이다. 복잡한 도시의 사람들은 대체로 움직임이 작고 빠르지만, 시야가 넓게 탁 트인 초원에 가면 사람들의 움직임은 달라진다.

스페이스 영역에서는 공간은 무엇이며, 나는 이 공간의 어디에 있으며 공간을 어떻게 사용하는지 그리고 공간을 사용한다는 것의 의미는 무엇인지 살펴볼 것이다. 스페이스는 그저 텅 빈 공간이 아니라 가능성과 잠재력으로 가득 차 있으며, 우리 마음을 안정시켜 주기도 하고 불안하게도 만든다. 물론 어떤 사람들은 스페이스를 전혀 신경 쓰지 않는 것처럼 보인다.

엄마의 자궁벽에 갇혀 있던 아이가 세상으로 나오면 자신이 경험하는 환경은 전혀 달라진다. 양수에 떠 있던 아이의 몸은 이제 지구의 중력이 당기는 힘에 의해 바닥에 닿게 되고, 위/아래, 앞/뒤, 좌/우의 3차원적 공간을 명확하게 경험한다. 어른의 몸도 스페이스에 의해 움직임과 자세가 달라지는데, 이 글을 읽는 지금 여러분의 자세나 움직임은 산에 오를 때와 다를 것이다. 이렇듯 우리 몸은 공간의 영향을 받으며, 자신의 욕구와 목표를 위해 공간으로 나아간다.

스페이스 영역에서는 아래 네 가지를 다루게 된다.

1. 키네스피어(Kinesphere): 개인의 공간

2. 심리적 키네스피어와 경계

3. 디멘션(Dimension): 3차원의 직선

4. 다이애그널(Diagonal): 대각선

1. 키네스피어 (Kinesphere)

　　라반은 개인 공간을 설명하기 위해 '키네스피어'라
는 용어를 사용하였다. 우리 주위를 둥그렇게 둘러싼 상
상의 공간으로, 발을 떼지 않은 상태에서 몸을 최대한
뻗어 닿을 수 있는 모든 공간을 말한다. 라반은 키네스
피어를 에너지에 비유해서 설명했다: "키네스피어는 에
너지처럼 우리와 함께, 우리 주변에 언제나 존재한다."
키네스피어의 중요한 개념은 크기(Reach Space), 높이
(Level), 방향(Direction), 심리적 키네스피어(Psychological

Kinesphere)와 경계(Boundary)가 있다. 라반은 이런 개념
들을 발전시켜 '스페이스 하모니'라 불렀다.

1) 크기(Reach Space)

키네스피어를 생각할 때 중요한 요소는 바로 크기
이며, 몸이 공간을 뻗어 나가 만들어 내는 공간을 말한
다. 키네스피어의 크기는 크다, 중간, 작다의 세 가지로
구분된다. 내 몸이 공간에서 만들어 내는 크기를 이야기
할 때 기준은 내 몸의 중심이다.

팔이 몸(중심)에서 멀어지도록 쭉 뻗으면 내가 사
용할 수 있는 공간이 커진다. 넓은 무대에서 팔과 다리
를 사방으로 넓게 뻗으며 움직이는 사람은 아주 큰 키네
스피어를 사용하는 것이다. 팔다리를 몸(중심)으로 당기
면 내가 움직일 수 있는 공간의 크기는 작아진다. 복잡한
지하철이나 사람이 많은 엘리베이터에 있을 때 주변 사
람들과 부딪히지 않기 위해 팔을 몸이 바짝 붙이고 손을

꼼지락거리거나 휴대폰을 주머니에서 꺼내 몸에 붙이고 문자를 확인한다면 그 사람은 '작은' 키네스피어를 사용한다고 말한다. 키네스피어의 크기를 나타내는 기호는 다음과 같다.

아주 작다

작다

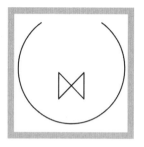

중간 크기

크다

아주 크다

2) 높이(level)

키네스피어의 어디에서 동작을 하는지에 따라 세 개의 높이, 위(high), 중간(middle), 아래(low)로 구분된다. 위는 가슴의 위쪽, 중간은 배꼽 정도, 아래는 골반의 아래쪽을 말한다. 라반의 높이 기호는 아래와 같다.

욕실에서 드라이기로 머리를 말리고 있다면 그 사람은 위 공간을 사용하는 것이고, 의자에 앉아서 타이핑을 한다면 중간을 사용하는 것이다. 내가 어릴 적에는 놀이터 모래로 두꺼비 집을 만들거나 바닥에서 구슬을 굴

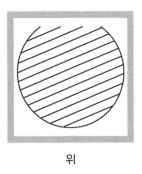

위

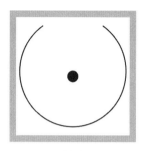

중간

아래

리며 땅따먹기 놀이를 하는 등 아래 공간을 많이 사용했
는데, 현대인들은 아래 공간을 거의 사용하지 않는 것처
럼 보인다. 예전에 주로 여자아이들이 가장 많이 하던 고
무줄놀이는 발로 키네스피어의 위/중간/아래를 다양하
게 움직일 수 있게 해 주는 건강한 놀이라 할 수 있다.

3) 방향(Direction)

　　방향을 정의하기 위해서는 기준이 중요한데, 인간의 몸 형태와 구조가 자연스럽게 그 기준을 만든다. 키네스피어의 방향은 앞, 뒤, 좌, 우가 있는데, 당연히 앞쪽은 가슴과 골반이 향하는 방향이다. 몸이 기준이 되기 때문에 회전하더라도 키네스피어의 방향은 바뀌지 않는다. 이를 라반의 기호로 표시하면 다음과 같다.

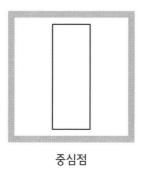

중심점

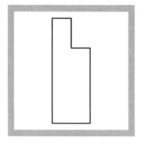

앞으로

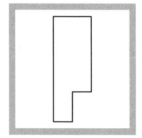

뒤로

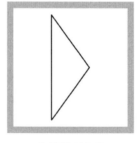

오른쪽 옆으로

바디 커넥션

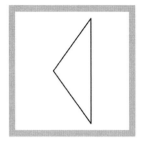

왼쪽 옆으로

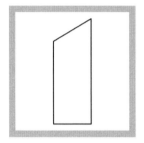

오른쪽 앞으로(사선)

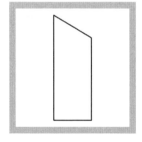

왼쪽 앞으로(사선)

제4장 스페이스(Space)

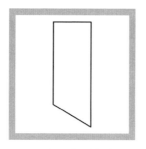

오른쪽 뒤로(사선)

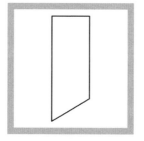

왼쪽 뒤로(사선)

4) 공간 매트릭스(Spaitial Matrix)

키네스피어의 높이와 방향을 결합하여 기호로 표시
하는 것을 공간 매트릭스라 부른다. 마치 지도와 같아서

그 사람의 움직임이 어디에서 일어나는지 그 위치를 볼
수 있게 해 준다.

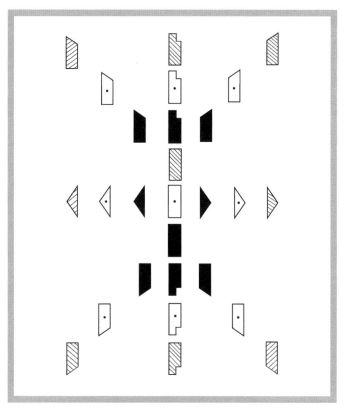

공간 전체를 나타내는 매트릭스 기호

제4장 스페이스(Space)

2. 심리적 키네스피어
(Psychological Kinesphere)와 경계

　키네스피어는 물리적 키네스피어와 심리적 키네스피어로 구분할 수 있다. 물리적 키네스피어는 몸을 움직여 실제로 만들어 내는 공간을 말하고, 심리적 키네스피어는 자기 공간이라고 인식하고 주장하는 공간을 말한다. 심리적 키네스피어는 홀로 있을 때도 적용되지만, 대체로 주변 상황이나 다른 사람과의 관계에서 나타나는 경우가 많다.

　미국의 문화인류학자 에드워드 홀(Edward T. Hall)의 연구에 의하면, 사람들은 자기만의 영역이 있고 이를 바탕으로 상황에 따라 다른 사람과의 공간의 크기(거리)를 선택한다. 그의 작업은 다양한 문화에 따라 키네스피어가 어떻게 정의되고 서로 관계를 맺는지 잘 설명하고 있다. 이 연구는 두 개의 키네스피어가 어떤 관계를 맺는지를 설명해 주는 좋은 자료라 할 수 있다.

사회나 문화에 따라 키네스피어를 사용하는 방식이 많이 달라지는데, 같은 문화라 할지라도 가족에 따라 달라지기도 한다. 상호작용 방식에 있어서 어떤 사람은 키네스피어를 넓게 사용하는 것을 편안해하고, 어떤 사람은 아주 가깝게 다가가는 것을 선호한다.

내가 아는 어떤 교수님은 키네스피어를 아주 '크게' 사용하여 학생들과 거리를 많이 두고 수업을 하는 사람이 있는데, 나는 '중간' 크기의 키네스피어로 학생들과 이야기 나누는 것을 좋아한다.

한국의 사회적 거리는 어떨까? 한국에서 여러 번 라반의 동작분석 강의와 워크숍을 진행한 쥬디 갠츠(Judy Gantz) 선생님은 자신이 경험한 한국인의 키네스피어에 대해 이런 이야기를 들려주었다.

"한국에서는 키네스피어를 아주 '작게' 사용하는 것 같다. 오늘 아침 게스트하우스에서 아침 식사를 하고 있는데, 주인이 나에게 가까이 다가오더니 바로 옆에서 앉아 차를 따라주었다. 물론 그 사람이 나를 위해서 그런 방식으로 행동하는 것을 알고 있었지만, 내가 살고 있는 문화와는 많이 달라서 아주 어색한 느낌이었다."

영어 단어에서 표현은 expression이라고 한다. 밖으로(Ex) 밀어낸다(pression)는 뜻이다. 나의 마음이 몸으로 표현되어 밖으로 나가는 키네스피어가 다른 사람의 키네스피어와 만나는 그 지점을 경계라 한다. 이 경계는 국경선처럼 서로 접해 있는 두 나라를 구분 짓는 것으로, 이 경계를 건강하게 세우지 못하면 갈등이 일어나게 된다. 건강한 경계를 세우려면 어떻게 해야 하는가? 개인의 공간이 어떻게 만들어지고, 그 공간을 만드는 것이 어떤 의미이며 왜 중요한지를 이해하는 것이 중요하다.

공간이라는 말을 들으면 어떤 생각이나 이미지가 떠오르는가? 텅 비어 있다, 안전하다, 넓다, 우주…. 그렇다면 공간이라는 단어 앞에 '나'를 붙여 '나의 공간'이라는 말은 무엇을 떠올리게 하는가? 편안함, 안전함, 내 마음대로 할 수 있음….

혹시 여러분에게는 마음 편하게 쉴 수 있는 곳이 있는가? 지금, 현재도 좋고 어린 시절을 떠올려도 좋다. 내가 8살쯤 되었을 무렵 처음으로 내 공간을 갖게 되었다. 큰집의 마당 건너편에 허름한 창고가 있었는데, 창고 안 한쪽 편에 헌책이 잔뜩 쌓여 있던 그곳이 바로 내 공간이었다. 높이 쌓인 책더미 덕에 내가 거기 있다는 걸 아무도 눈치채지 못하는 나만의 공간. 한동안 그 공간을 떠올리기만 해도 기분이 너무 좋았다. 그날부터 그 공간에는 내 물건이 하나씩 늘어나기 시작했다. 장난감 배, 아카데미 조립 탱크와 대포, 글라이더 비행기…. 내 공간에는 대체로 내 물건이 있다. 그래서 내 공간과 내 것은 같은 말이라 할 수 있다. 내 것이라는 말은 내가 마음대로 쓸 수 있다는 뜻이다. 아이가 성장하면서 내 것을 찾기 시작한다. 아주 어릴 때는 손가락 발가락을 입에 넣으며 자기 것인지 확인하고, 좀 지나면 아이들은 그 시기에만

제4장 스페이스(Space)

157

쓰는 이상한 문장을 구사한다. 자기 이름을 앞에 붙이고 말하는 것이다. "선영이 배고파!" 몸에서 일어나는 현상에 자기 이름을 붙이며 자기 것을 만드는 것처럼 보인다.

아이들이 청소년기가 되면 그동안 활짝 열려 있던 방문이 닫히고, 대체로 방문 앞에는 다음과 같은 경고문을 내 붙인다: "들어오지 마시오", "선영이 방", "똑똑똑." 이렇게 방문을 닫으며 자기만의 물리적인 공간을 만드는 것이다. 어느 날 가족과 갈등이 생겨 마음이 불편해진 아이는 자기 방으로 들어가 방문을 꼭 닫아버린다. 이때가 중요한 순간이다. 아이가 자기만의 공간이라고 선언한 신성한 공간을 무시하면 안 된다. 예를 들어 꼭 잠긴 아이의 방문 앞에 가서 문을 두드리며 나오라고 소리를 지르거나 여분의 열쇠를 찾아 방문을 따고 들어가 아이에게 나오라고 하면 안 된다. 아이가 자꾸 방 안으로 들어가는 것이 못마땅해서 방문을 떼어 놓았다는 부모님도 있었다.

자기만의 공간을 누군가 마음대로 들어간다면, 그곳이 안전하다는 느낌을 갖기 어려울 것이다. 인간은 누구에게나 자기만의 편안한 안식처가 필요하다. 그래서 인디언들은 성인이 될 때쯤 자기만 아는 비밀의 장소, 자기 공간을 찾았는지도 모른다. 자기만의 공간이 사라지면 아이들은 부모님이 집을 비운 친구네나 피시방을 찾는다. 자기 공간이 존중받는 경험을 해야 다른 사람의 공간도 존중하게 된다. 그것이 바로 건강한 경계를 세우는 기초가 된다.

자기만의 공간, 심리적 공간인 키네스피어는 만나는 사람이나 환경에 따라 그 크기가 달라진다. 불안한 상황에서 팔로 자신을 감싸는 것은 자기방어를 위한 자연스러운 반응이며, 이 경우 '작은' 키네스피어를 사용하는 것이다. 대부분의 경우 자기를 끌어안는 것은 트라우마의 반응 혹은 습관적인 대처 방식인 경우가 많고, 때로 근육을 넘어 장기나 조직에까지 방어가 된 경우도 있다.

신체 회복을 위한 바이오에너지 이론의 창시자 알렉산더 로웬(Alexander Lowen), 정신분석가이며 생물학자였던 빌헬름 라이히(Wilheim Reich)와 같은 사람들은 트라우마에 대처하기 위해 근육이 수축되는 것을 근육 갑옷(Muscular Armour)이라고 했으며, 심리치료에서는 갑옷과 같은 몸을 근육 차원에서 풀어낼 수 있다고 했다.

일상에서 자신은 키네스피어의 어느 부분을 가장 많이 사용하는지 살펴보면 자신의 생활 패턴을 이해할 수 있을 것이다.

나는 최근에 지금 여러분이 읽고 있는 이 책의 원고를 마감하기 위해 오랜 시간 컴퓨터 앞에 앉아 있다. 자판을 두들기며 글을 쓰는 시간이 많다 보니 주로 앞, 중간 키네스피어를 많이 사용하고 있다. 그러다 보니 시선도 작은 영역에 머무르게 되어 목과 허리도 긴장감이 많아져서 알람을 맞춰놓고 최소 두 시간에 한 번, 5분이라도 몸을 움직이려 한다. 의자 뒤쪽으로 팔을 뻗어 기지개도 켜고, 일어나서 거실과 부엌으로 왔다 갔다 하며 물도 마시고, 카펫에 앉아 햇살을 즐기고 있는 고양이 '미미'의 등을 쓰다듬어 주면서 나의 키네스피어에 존재하는 다양한 크기, 높이, 방향에 만나고 있다.

키네스피어는 자신이 속해 있는 사회의 기대치를 명확하게 해 준다. 키네스피어를 이해하면 그 상황에서 어떻게 행동해야 하는지 알 수 있으며, 사회에서 기대하는 것과 다르게 행동하는 사람을 관찰하는 데 유용하다.

1) 키네스피어를 위한 활동

—— 오늘의 내 키네스피어는 어떤지 찾아본다. 지금 나에게 필요한 움직임을 해 보는데, 예를 들면 내 몸에 손을 대고 기지개를 켜거나 몸을 두드릴 수도 있고(작은 키네스피어), 손이나 발을 멀리 뻗으며(큰 키네스피어) 움직이는 것이 좋은지 탐색해 본다.

—— 다른 사람에게 가까이 다가가 보기도 하고 멀어지기도 한다. 어느 것이 더 편안한가? 다른 사람이 나에게 다가올 때 나도 다가갈 수 있는가, 아니면 나도 모르게 몸을 뒤로 물러나게

되는가?

— 작고, 중간, 큰 키네스피어를 사용하는 움직임을 해 보고, 이런 동작이 나에게 어떤 이미지와 색깔이 떠오르는지 살피며 다른 사람과 이야기하거나 노트에 적어 본다. 때로 나도 모르게 어떤 감정이 느껴질 수 있다.

— 자기가 좋아하는 활동을 떠올려 보라. 테니스, 자전거 타기, 원예, 암벽 등반, 뜨개질…. 각각의 활동은 특정한 키네스피어를 사용하기 때문에 여러분이 좋아하는 움직임과 스타일을 찾을 수 있다. 이 활동을 하는 모습을 상상하면서 당신의 키네스피어가 어디에서 가장 빛이 나고 살아있는지 느껴보라.

자신의 현재 키네스피어를 인식하게 되면, 활동과 회복의 리듬을 만들기 위해 다양한 동작을 해 볼 수 있다. 비행기를 타고 몇 시간 동안 '작은' 키네스피어에 있었다면, 이제 여러분의 키네스피어를 가장 크게 만들어 보는 것이 좋다. 라반은 상황에 적절한 다양한 크기의 공간을 사용하는 것이 중요하며, 이를 위해서는 유연하고 적응력 있게 몸과 움직임을 할 수 있어야 한다고 했다.

3. 디멘션(Dimension)
: 3차원의 직선

디멘션은 3차원, 즉 수직, 수평, 앞뒤의 두 방향을 연결하는 하나의 선이라 할 수 있다. 아래 그림에서 볼 수 있는 것처럼 세 개 디멘션의 꼭짓점을 연결하면 8면체가 만들어진다. 8면체는 고대 그리스에서 발견된 5개의 정다면체 중 하나이며, 플라톤은 정팔면체를 4원소 중 자유롭게 움직이고 순환하는 '공기'의 특성과 연결시켰다.

디멘션을 인간의 몸에 적용하면 움직임의 입체적 특성을 잘 이해할 수 있다. 춤동작치료에서는 사람이 수

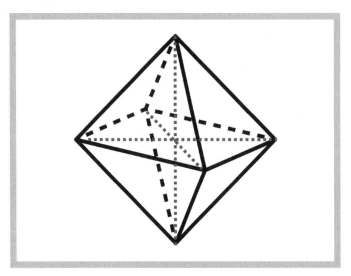

디멘션과 8면체

직면을 사용할 때 '프레젠테이션 모드'라 부르며, 세상에 자신을 드러내는 방식이라고 본다. 이 모드에서는 세상에 자기 자신을 어떤 식으로 보여주는지 알 수 있는데, 때로는 사람들에게 나를 드러내고 보여줄 필요도 있고, 자신을 감춰야 할 때도 있다. 물론 너무 나서거나 혹은 지나칠 정도로 자신을 숨기고 드러내지 않으면 사회

생활이나 관계를 망치게 되는 역기능도 존재한다.

수평면에서 움직임을 한다면 '커뮤니케이션 모드'라 부른다. 양팔을 옆으로 벌려 몸을 열어 놓는다면, 그 사람은 다른 사람과의 소통에 관심이 있고 마음이 열려 있다고 생각할 수 있다. 만일 양팔로 팔짱을 끼면서 몸을 닫고 있다면, 그런 사람에게 접근할 때는 조심해야 할지도 모른다.

앞과 뒤쪽으로 움직임이 일어난다면 '액션 모드'라 부르는데, 앞으로 걸어 나가면서 어떤 행동을 취하거나 뒤로 물러서면서 몸을 웅크릴 수 있다. 어떤 사람들은 몸의 자세가 앞으로만 나아가는 상태에 고정되어 있거나, 반대로 늘 위축되어 뒤로 물러나는 경우도 있다. 물론 때로는 우리가 의식적으로 몸을 열고 싶지 않은 경우도 있고 그래야만 할 때도 있을 것이다.

우리가 위의 세 가지 모드에서 자유롭게 동작을 해 본다면 스스로를 다른 방식으로 느끼면서 새로운 경험의 가능성을 제공하게 될 것이다.

4. 다이애그널(Diagonal)
: 대각선

　디멘션의 수직, 수평, 앞뒤 사이의 공간을 연결하면 대각선이 만들어진다. 라반은 대각선을 사용할 때 몸이 다양한 공간으로 확장된다는 것을 관찰했다. 대각선 꼭짓점을 연결하면 플라톤의 정다면체 중 하나인 정육면체 '큐브'(Cube)가 된다.

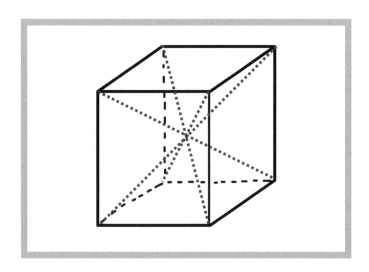

바디 커넥션

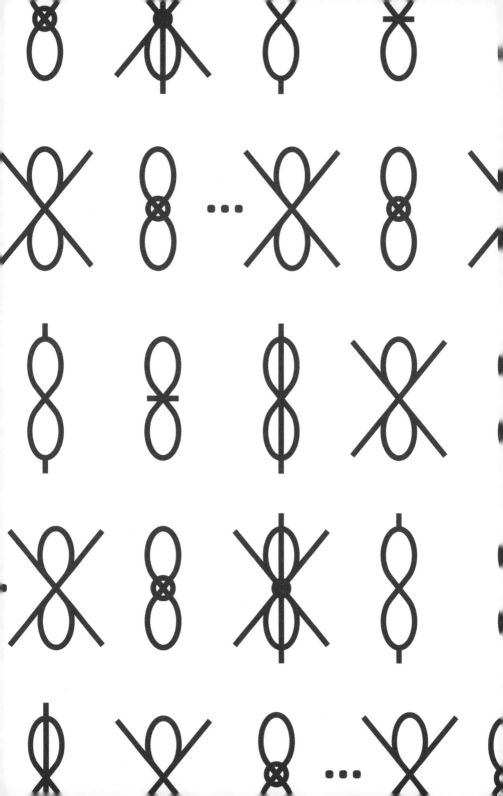

제 5 장

쉐입
(Shape)

　　쉐입은 공간에서 내 몸과 움직임이 만들어 내는 형태를 말한다. 스페이스에서는 몸의 위치와 방향을 많이 다루었는데, 쉐입 영역에서는 공간에서 몸이 어떤 형태를 만드는지에 초점을 둔다. 쉐입은 워런 램(Warreen Lamb)이 비즈니스 영역에 적용시키며 발전하였고, 주디 캐스틴버그(Judith Kestenberg)가 영유아 발달 영역에 적용하면서 확장되었다.

　　현재까지 연구된 쉐입 영역은 다섯 가지 부분으로

이루어져 있다.

1. 열기와 닫기(opening and closing)

2. 쉐입 플로우 서포트(Shape flow support)

3. 쉐입 퀄리티(Shape qualities)

4. 쉐입의 변화 모드(Modes of shape change)

5. 쉐입의 형태(Shape forms)

1. 열기와 닫기
(Opening & Closing)

우리 몸은 계속적으로 커지고 작아진다. 지금 그 상
태에서 크게 숨을 쉬면서 자신의 몸이 조금 커졌다가 줄
어드는 것을 느껴본다. 몸은 때로 위/아래 혹은 앞/뒤로
도 움직인다. 열기와 닫기에서는 몸을 움직이는 과정에

초점을 두기 때문에 영어 단어에서 진행형인 'ing'를 사용한다. 열기와 닫기는 단순한 말이지만 근원적이며 심오한 의미를 담고 있다.

2. 쉐입 플로우 서포트 (Shape Flow Support)

쉐입 플로우 서포트는 몸의 외적 형태를 변화시키기 위해 필요한 몸 내부의 움직임을 말한다. 이 개념은 주디 캐스틴버그에 의해 연구·발전되었다. 쉐입 플로우 서포트는 몸 내부가 어떤 방향으로 움직이는지에 따라 다음의 네 가지로 구분할 수 있다.

1) 렝스닝(Lengthening)과 쇼트닝(Shortening)

위/아래로 길어지고, 짧아지는 움직임

2) 와이드닝(Widening)과 내로잉(Narrowing)

옆으로 넓어지고, 중심을 향해 좁아지는 움직임

3) 벌징(Bulging)과 할로잉(Hollowing)

앞/뒤로 부풀어지고, 안으로 우묵해지는 움직임

4) 그로잉(Growing)과 슈링킹(Shrinking)

3차원으로 몸통 전체가 커지고 작아지는 움직임으로 깊은 호흡을 하는 사람에게 쉽게 관찰된다. 그로잉은 렌스닝/와이드닝/벌징이 함께 일어나는 것이고, 슈링킹은 쇼트닝/내로잉/할로잉이 함께 일어나는 것을 표현하는 용어이다.

쉐입 플로우 서포트는 동작을 할 때 몸통 내부의 든

든한 지지를 해 주기 때문에, 긴장이 많거나 몸이 뻣뻣하고 리듬감이 없는 사람이 유연한 움직임을 할 수 있게 도와준다.

3. 쉐입 퀄리티
(Shape Qualities)

쉐입 퀄리티는 몸의 형태가 다음의 여섯 가지 방향으로 움직이는 것을 말한다.

1. 라이징(Rising) — 위로 올라가기

2. 씽킹(Sinking) — 아래로 내려가기

3. 스프레딩(Spreading) — 양옆으로 늘어나기

4. 인클로징(Enclosing) — 중심을 향해 감싸기

5. 어드밴싱(Advancing) — 앞으로 나아가기

6. 리트리팅(Retreating) — 뒤로 물러나기

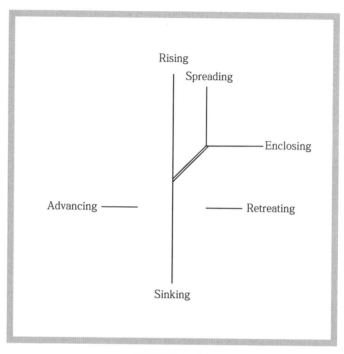

쉐입 퀄리티 기호

쉐입 퀄리티에서 라이징(Rising)과 씽킹(Sinking)은 수직선, 스프레딩(Spreading)과 인클로징(Enclosing)은 수평선, 어드밴싱(Advancing)과 리트리팅(Retreating)은 앞

뒤로 통과하는 시상선과 연결되어 있다. 쉐입 퀄리티는 일상생활에서 많이 볼 수 있으며, 특히 몸을 사용하는 활동에서 동작을 섬세하고 명확하게 만들어 다양한 테크닉을 구사할 수 있게 하고, 심리적으로는 은유적인 의미를 탐색하게 해 준다.

4. 쉐입의 변화 모드 (Modes of Shape Change)

쉐입의 변화 모드는 주변 상황과 관계를 맺을 때 자기 몸이 어떤 형태가 되는지 이해할 수 있게 도와준다. 해크니(Hackney)는 쉐입의 변화 모드가 어린아이가 자기 몸을 알아가고 주변 세상과 연결하면서 자신의 환경을 변화시키고 창조하기 위해 움직이는 모습을 관찰하면서 개발되었다고 설명했다.

쉐입의 변화 모드는 세 가지가 있다.

1) 쉐입 플로우 모드(Shape-flow mode)

나에게 향하거나 나를 위한 움직임으로 동작자의 주의가 아직 외부로 향해 연결되지 않은 상태를 말한다. 예를 들어 몸을 편안하게 만들기 위해 자세를 바꾸거나 불편한 배에 손을 대고 문지르는 것과 같이 나에게 필요한 동작이라고 할 수 있다.

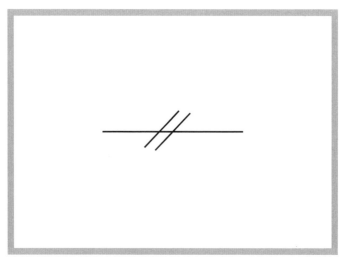

쉐입 플로우 모드 기호

바디 커넥션

2) 디렉셔널 모드(Directional mode)

디렉셔널 모드는 주변 세상과 연결하기 위한 움직임을 말한다. 이 모드에서 몸동작은 다른 사람 혹은 대상을 가리키거나 그 대상과 적극적으로 연결하며 관계를 맺는다. 디렉셔널 모드는 아킹(arching)과 스포킹(spoking)으로 나눌 수 있다. 아킹은 아치처럼 둥근 모양

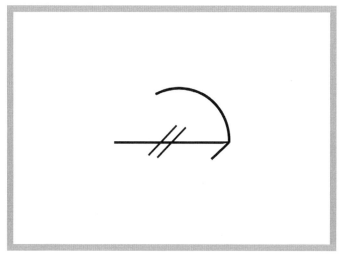

디렉셔널 모드 기호

을 말하는데, 봄날 불어오는 바람을 느끼기 위해 손바닥으로 몸 주변 공간을 둥글게 쓰다듬는 동작이라 할 수 있다. 스포킹은 화살처럼 직선으로 뻗어 나가는 움직임을 말하는데, 일상에서는 누군가를 만나 악수를 하거나 길에서 목적지를 물어보는 사람에게 방향을 가리키기 위해 손을 뻗는 것이다. 디렉셔널 모드로 다른 사람에게 다가갈 수도 있고, 다른 사람이 나에게 오도록 당길 수도 있다.

3) 카빙 모드(Carving mode)

카빙 모드에서는 움직임으로 주변 환경에 적극적으로 관계를 맺으며 세상을 변화시킨다. 카빙은 몸으로 어떤 대상을 감싸고, 그 대상과 적응하며 수용하는 3차원적 움직임이라 할 수 있다. 3차원적인 움직임을 하려면 코어를 사용하고 팔꿈치도 구부려야 한다.

아이들은 주로 쉐입 플로우 모드에 있다. 우리가 다

카빙 모드 기호

른 사람과 함께 쉐입 플로우 모드에 있다면 그 사람과
일치감을 느낄 수 있다. 이 모드는 아주 적응적이며, 다
른 대상과 하나가 될 수 있다. 신체적 접촉을 할 수도 있
는데, 이런 관계 맺음에서는 서로의 경계가 무너지기도
한다.

만일 아이가 슬퍼하는데 달래줘야 한다면 쉐입 플

로우 모드를 사용해서 등을 부드럽게 쓰다듬거나 아이의 몸에 가만히 손을 대고 있어야 한다. 양육자가 아이를 안고 등을 톡톡 두드리면 디렉셔널 모드(스포킹)에 들어가는 것으로, 이때 아이는 이제 울음을 멈춰야 한다는 느낌을 받을 수도 있다. 아이가 쉐입 플로우 모드를 사용하지 않고 몸이 경직되어 있다면 심리적인 어려움이 있을 수도 있다.

양육자가 몸에 긴장이 많다면 쉐입 플로우 모드로 아이를 안아줄 수 없을 것이다. 엄마가 아이를 사랑한다고 말하지만 자기 몸으로 쉐입 플로우 모드를 만들 수 없다면, 아이는 자신이 엄마에게 받아들여지지 않는다고 느낄 수도 있다. 만일 상담자가 내담자와 적절한 거리를 두고 싶다면 쉐입 플로우 모드를 사용하지 말아야 할 것이다.

특히 동작치료처럼 몸을 사용하거나 미러링을 하는 경우에도 거리가 가까워졌을 때 쉐입 플로우 모드를 사용한다면 불편함을 줄 수 있다. 예를 들어 몸을 비비꼬거나 머리를 흔들거나 양손으로 자신의 배를 문지르며 다른 사람에게 다가간다면, 상대는 어떤 느낌을 받을지 생각해 보라.

디렉셔널 모드로 다른 사람과 관계를 맺으면 2차원적인 느낌을 갖게 된다. 앞 아니면 뒤, 위 아니면 아래. "나는 청소하고 너는 요리하자." 이렇게 역할을 맡을 수도 있다. 만일 신호등이 고장 나서 교통 경찰이 사거리에서 손으로 신호를 보낼 때 쉐입 플로우 모드를 쓴다면, 대혼란이 벌어질 것이다. 디렉셔널 모드에서는 자연스럽게 바운더리가 만들어진다. 엄격한 규칙이 필요한 군대에서 디렉셔널 모드를 사용해야 관계와 역할이 분명하게 정리되고 경계도 생기는 것이다. 일상생활의 움직임은 쉐입 플로우 모드에서 디렉셔널 모드로 혹은 그 반대로 계속 변해간다.

카빙 모드는 3차원의 복잡한 관계를 만든다. 때로 너무 상대에게 맞추다 보니 불편한 경우도 생긴다. 이런 움직임으로 대화한다고 상상해 보자. "우리 뭐 먹으

러 가지?" "글쎄 짜장면도 좋고" "짬뽕이 좋을까?" 이런 움직임으로 대화를 나눈다면 자신이 어떤 상태에 있는지 좀 더 명확하게 확인할 수 있을 것이다. 아이가 3차원적으로 카빙 움직임을 한다면 발달적 측면에서는 아주 고차원적인 상태라 할 수 있다. 카빙 모드는 두 사람 사이의 관계를 넘어 좀 더 많은 사람과 만들어지는 복잡한 관계를 잘 유지하고 적응할 수 있게 도와준다.

4) 쉐입의 변화 모드를 위한 활동

—— 쉐입 플로우 모드로 몸을 움직이면서 다른 사람과 관계 맺기를 시도해 본다. 활동이 끝나면 쉐입 플로우 모드를 사용할 때 나의 생각과 느낌, 기억에 대해 다른 사람과 이야기를 나눠본다. 다른 사람과 연결하기 쉬웠나, 어려웠나? 쉐입 플로우 모드로 관계를 맺을 때 어떤 느낌이나 기억이 떠올랐는가?

—— 두 사람이 짝이 되어 한 사람은 아이가 되고, 다른 사람은 양육자가 되어 본다. 아이 역할을 하는 사람은 쉐입 플로우 모드로 움직이고, 양육자 역할을 하는 사람은 쉐입의 변화 모드를 다양하게 사용해 본다.

5. 쉐입의 형태
(Shape Forms)

때로 정지된 모습이라 불리는 쉐입의 형태는 몸을 움직이다가 '얼음'이 된 상태처럼 멈출 때 몸에서 나타나는 모양을 말한다. 쉐입의 형태는 일상에서는 자주 볼 수 없지만, 그런 형태가 나타나면 흥미를 주기 때문에 사람들의 관심을 끈다. 주로 TV나 인터넷 광고에서 많이 볼 수 있는 모습이다.

쉐입의 형태는 다섯 가지다.

1. 핀(Pin): 길게 직선으로 뻗은 형태. 패션쇼의 모델이 런웨이를 걷다가 팔을 몸에 붙이며 서 있는 모습이나 다이빙을 한 수영 선수가 양팔을 뻗어 물속으로 들어가려는 모습을 상상해 보라.

2. 벽(Wall): 넓고 평평한 형태. 축구 골키퍼가 양팔을 옆으로 벌리고 몸을 넓게 만들어 공을 막아내는 모습을 상상해 보라.

3. 공(Ball): 공처럼 둥근 형태. 몸을 잔뜩 웅크려 작게 만들고 잠을 자는 사람을 떠올려 보라.

4. 나선형(Screw): 나선형으로 꼬인 형태. 섹시함을 보여주려는 아이돌 그룹의 정지 동작은 대부분 나선형 모양이 만들어진다.

5. 4면체(Tetrahedron): 피라미드처럼 각이 있는 형태. 차분하게 앉아서 명상하고 있는 사람의 모습을 상상해 보라.

쉐입은 동작자가 스스로와 맺는 관계 그리고 타인과 맺는 관계를 이해하는 데 도움이 된다. 누군가에게 열린 쉐입으로 다가간다면 위로의 감정과 연결될 수 있다.

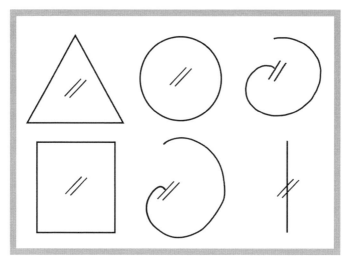

쉐입의 형태 기호

닫힌 혹은 작아지는 동작은 주로 불편감과 연결된다. 몸을 작게 만들면 불편감을 느낄 수도 있지만, 반대로 불편감이 느껴질 때 몸을 감싸듯이 작게 만들면 스스로를 돌보고 위로하는 느낌이 들어 편안함을 느낄 수도 있다. 치료사의 관점에서 내담자가 몸을 작게 만든다면 그 사람이 불편한 느낌을 갖고 있다고 할 수 있다. 쉐입은 신뢰감을 만들기도 하는데, 그 이유는 쉐입으로 우리가 의존할 수 있고 안정감을 느낄 수 있는 몸의 형태를 만들 수 있기 때문이다. 다양한 쉐입을 만들 수 있는 능력은 자기돌봄뿐 아니라 다른 사람과의 관계에서도 많은 도움이 될 것이다.

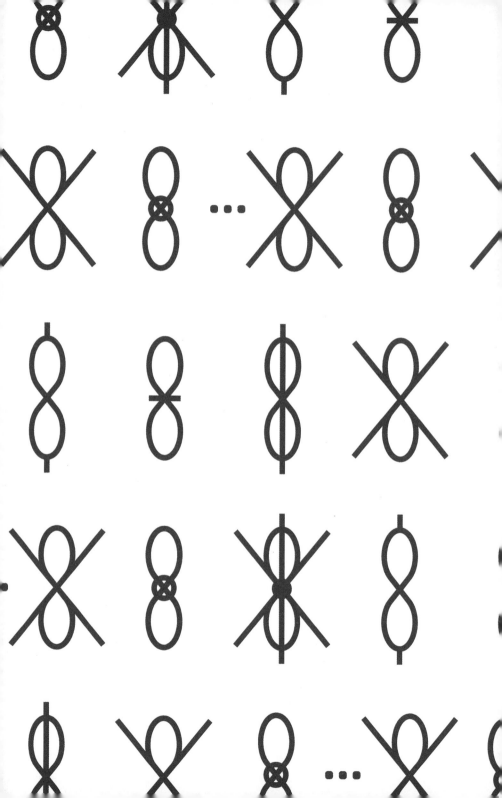

제 6 장

몸의 지혜를 배우다

　우리 인간은 세상에서 일어나는 현상을 몸(감각)으로 받아들이고, 그 자극에 몸으로 반응하며 살아간다. 사회학자 피에르 부르디외가 말한 것처럼 몸은 우리 내면 가장 깊은 곳의 가장 진실한 것이며, 의식적으로 통제할 수 없는 것을 드러내는 자연의 언어라 할 수 있다. 몸이 없는 주체가 없는 것처럼, 몸으로 드러나는 움직임도 몸과 하나이다.

　라반은 "움직임이 인간의 언어 중 하나이며, 반드시

의식적으로 숙달되어야 한다"고 말했다. 환경에 반응하는 움직임, 즉 우리의 행동은 무의식적으로 이루어지는 경우가 많다. 이는 자신의 움직임을 통제하기 어렵다는 것을 의미한다. 하지만 인간의 또 다른 언어인 움직임을 이해하는 것은 40만 년의 세월동안 자연과의 힘겨운 생존 투쟁에서 인류가 체득한 몸의 지혜를 배우는 일이다. 인간의 움직임을 제대로 '지각'하고 이해하려면 그 시스템을 배워야 하는데, 움직임을 체계적으로 관찰하고 이해하는 과학적 시스템이 바로 라반/바르테니에프 동작 분석법이다. 이 시스템을 이해하면 몸의 지혜를 체득할 수 있으며 신체, 심리, 영적인 측면에서 우리 삶의 다양한 분야에 적용할 수 있다.

신체적인 측면에서 몸의 지혜를 살펴보자.

우리 몸에는 하루의 리듬, 계절의 리듬과 같이 다양한 생체 리듬이 존재한다. 현대인은 생명의 리듬을 거스르도록 진화되어 효율성 측면에서는 놀랄만한 성장을 이루었지만, 병원의 의사들도 그 원인을 알 수 없는 수많은 질병을 낳고 있다. 생명의 리듬은 양극성을 따라 올라가고 내려가는 흐름이 존재한다. 우리 몸의 근육도 끊임없는 수축과 이완의 흐름을 통해 움직임이 일어난다. 바디커넥션에서는 생명의 리듬을 회복하는 방법으로 3차원 호흡이나 피부 호흡을 제안하는데, 들숨과 날숨이 교차하는 호흡이야 말로 수축과 이완의 리듬을 따르고 있기 때문이다.

만일 수축과 이완의 리듬이 없다면, 호흡은 물론이고 걷기나 말하기 같은 움직임을 전혀 할 수 없을 것이다. 심장 박동, 소화, 배설 등의 필수적인 생리적 기능들도 정상적으로 작동하지 못해 결국 생명을 유지할 수 없게 된다. 근육 리듬은 자율신경계와도 밀접하게 연결되어 있는데, 리듬이 사라지면 스트레스 조절이나 체온 조절과 같은 자율 신경계의 기능이 마비되어 생명체 치명적인 영향을 줄 수 있다.

심리적인 차원에서 몸의 지혜를 배우는 것은 움직임을 심층적으로 탐색하고 그 의미를 이해하는 것이다.

예를 들어, 스마트 폰 사용자의 움직임 패턴을 분석한 연구에 따르면 사용자들이 특정 자세를 오랫동안 유지하면서 주로 신체 말단 부분에서 작은 움직임을 한다는 것이 관찰되었다. 중심과 연결되지 않은 말단의 움직임은 수축과 이완의 에너지가 자연스럽게 흐르지 못해 회복의 사이클이 멈추게 되어 몸은 만성 긴장상태가 되기 쉽다. 만성 긴장은 우리 감정의 흐름도 막아 심리적 문제를 일으키게 되는데, 감정 표현 욕구의 충족 여부를 나타내주는 바로미터라 할 수 있다. 욕구가 채워지지 않으면 부정적인 감정이 쌓이게 되고, 만성 긴장으로 억눌렸던 감정은 아주 작은 자극에도 마치 화산처럼 폭발하게 된다. 일상에서 감정이 자주 폭발하는 사람은 대체로 자신의 욕구나 감정을 잘 인식하지 못하는 경우가 많다.

몸은 마치 우리 자신을 비춰주는 거울과 같다. 몸에 주의를 기울이면 자신의 내면을 자세히 관찰할 수 있는데, 이 말은 자신의 생생한 경험으로 돌아가는 것을 의미한다. 지금 이 순간 여기에서 감각적이고 직접적인 경험으로 드러나는 자신의 감정, 생각, 행동 패턴을 이해할 수 있으며, 자신을 좀 더 깊이 이해하게 도와준다.

나의 선생님인 가브리엘 로스는 일상에서 해결해야 할 어려움이 생기면 그 문제를 공중에 던져놓고, 그 날의 분위기에 따라 때로는 빠르거나 강하게, 때로는 아주 느리게 음악의 리듬에 따라 몸이 움직임을 시작하면서 몸의 지혜가 자신에게 말을 건네게 만들었다. 대부분 서너 곡의 음악이 끝나기 전에 정말 어렵다고 느껴졌던 그 문제의 해결책이 불현 듯 떠오르는 경우가 아주 많았다고 했다. 나도 어려움이 생길 때면 가브리엘의 방법에 따라 음악을 틀어놓고 그 리듬에 몸을 맡기면서 몸의 지혜가 나에게 말을 걸도록 기다려 보곤 했는데, 리듬이 시작되고 몸에 주의를 기울이다 보면 내가 머리로 생각했던 것보다 훨씬 깊은 차원에서 들려주는 현명한 대답이 떠오르는 경우가 많았다. 여러분도 아마 주변 사람들에게 산책이나 운동과 같은 활동을 하고 나서 새로운 아이디어가 떠올랐다는 이야기를 많이 들어 보았을 것이다.

무용수나 음악가와 같은 예술가들은 자기 몸을 통해 예술적 표현을 하는 사람들이다. 예술적 표현은 인지와 같은 사고 작용 이전에 직관적인 영역에서 흘러나오는 스파크에 의해 발현되는 경우가 많다. 우리가 흔히 오감이라 부르는 촉각, 청각, 시각과 같은 몸의 감각을 활용한다면 직관의 예술상자가 열리고 새로운 아이디어가 흘러나오는 경험을 하게 된다.

몸의 지혜는 단순히 신체적, 심리적인 차원을 넘어서, 영적인 차원과도 연결 할 수 있게 도와준다. 세상의 많은 영적 전통에서도 깨달음을 위해 몸의 지혜를 사용하였다. 몸은 우리와 세상을 연결하는 통로가 되기 때문에, 몸의 지혜를 배우면 모든 것과 소통할 수 있는 문이 열리고, 그 문을 통해 자기 모습을 보고 자신에 대해 배울 수 있기 때문이다. 몸과 마음이 통합되어 하나로 연결될 때 영혼이 피어나고, 진정한 나의 모습을 찾아가는 깨달음의 길이 열린다.

몸으로 배우고 가슴으로 배운다는 말이 있다. 이는

배움이 단순히 머리로만 이루어지는 것이 아니라, 몸과 마음 전체를 통해 이루어진다는 의미일 것이다. 몸의 지혜도 마찬가지로 몸으로 직접 경험해야 한다. 여러분이 모두, 이미 잘 알고 있듯이 몸의 지혜는 몸의 경험을 통해서만 이루어진다. 그러므로 책이나 강의로 배운 지식을 실제 행동으로 옮기는 것이 중요하다. 이러한 과정을 통해 이론이 체화되고 삶의 실천으로 이어질 수 있기 때문이다.

그리고, 감각과 직관에 귀를 기울이라. 내 몸이 보내는 신호와 감각에 주의를 보내고, 이를 통해 얻은 직관적 통찰을 삶의 네비게이션으로 삼으면 좋겠다.

라반/바르테니에프 동작분석법을 배운 사람들은 인간의 몸과 움직임 속에 삶의 지혜가 담겨 있다고 생각한다. 그렇기 때문에 어떤 사람이 삶의 어려움을 해결하고자 도움을 청할 때, 맨 먼저 하는 일은 그 사람이 해답을 찾을 수 있도록 비난과 평가를 하지 않는 안전한 환경을 만드는 것이다. 나를 안전하게 지지해주는 지구에 그라운딩하고 지금 여기에서 내 몸에 온전히 머물고 연결하면서, 내 앞에 있는 한 존재의 내면에서 진정한 움직임이 살아나도록 주의를 기울여 바라보며 기다리고, 기다리고, 또 기다린다.

나는 나 자신, 내 안에 답이 있고, 내 속에 길이 있다. 여러분 자신에게도 온전한 믿음으로 기다리고 기다리고 또 기다려줄 수 있기를 진심으로 바란다.

바디 커넥션에 관심이 있는 분들을 위한 자료

—— 유튜브: https://www.youtube.com/@hinbaram "춤 테라피TV"에서 '바디' 영역을 자세히 설명하고 영상으로도 활동과 동작을 볼 수 있다.

—— 홈페이지: http://www.healingdance.kr 춤테라피심리 상담센터

—— 네이버 블로그: https://blog.naver.com/whitedance1

—— 워크숍 프로그램 "몸과 마음의 연결성을 배우는 바디 커 넥션": 한국춤동작심리상담협회의 교육 기관인 춤테라 피심리상담센터(세종시)에서는 회복탄력성과 긍정심리 학 이론을 기반으로 인간의 6단계 신경학적 움직임 발달 단계(PTBC)를 배우는 입문반, 현장에서 사용할 수 있도 록 강의 자료와 동작을 가르치는 티칭법을 배우는 트레 이닝반이 운영된다.

참고문헌

신상미·김재리. 『몸과 움직임 읽기』. 이화여자대학교출판부, 2010.

몸문화연구소. 『몸의 철학』. 필로소픽, 2020.

유시현. "라반 움직임 분석법 및 바르테니에프 동작원리를 통해 살펴본 스마트폰 사용자들의 움직임 특성 연구." 「무용역사기록학」 38(2015): 173-196.

Bartenieff, Imgerd and Lewis, Doris. *Body movement — Coping with the environment.* New York: Routledge, 2002.

Hackeny, Peggy. *Making Connection: Total Body Integration Through Bartenieff Fundamentals.* 2nd ed. New York: Routledge, 2002.

Laban, Rudolf. *The Mastery of Movement.* Revised by Lisa Ullman. Dance Books. Alton, 2011.

Nelove, Jean and Dalby, John. *Laban for all.* New York: Routledge, 2004.

Nuland Sherwin B.. *The Wisdom of the Body.* 김학현 옮김. 『몸의 지혜』. (서울: 사이언스북스, 2002).

Studd, Karen and Coxd Laura. *EveryBody is a Body.* Dog ear

Publishing, 2013.

Wahl, Colleen. *Laban/Bartenieff Movement Studies: Contemporary Applications.* Human Kinetics, 2019.

참고문헌